西电名老专家文集

樊昌信教授校园纪事

——清华、北大、育英、西电与我

樊昌信 著

西安电子科技大学出版社

图书在版编目（CIP）数据

樊昌信教授校园纪事/樊昌信著. －西安：西安电子科技大学出版社，2016.8
ISBN 978－7－5606－3992－5

Ⅰ．① 樊…　Ⅱ．① 樊…　Ⅲ．① 回忆录—作品—中国—当代　Ⅳ．① I251

中国版本图书馆 CIP 数据核字（2016）第 177279 号

策　　划　阔永红　聂梦麒
责任编辑　高维岳　杨　薇
出版发行　西安电子科技大学出版社（西安市太白南路 2 号）
电　　话　(029)88242885　88201467　　邮　　编　710071
网　　址　www.xduph.com　　　　　电子邮箱　xdupfxb001@163.com
经　　销　新华书店
印刷单位　陕西百花印刷有限责任公司分公司
版　　次　2016 年 8 月第 1 版　2016 年 8 月第 1 次印刷
开　　本　787 毫米×960 毫米　1/16　印张　13
字　　数　167 千字
印　　数　1～1000 册
定　　价　88.00 元
ISBN 978－7－5606－3992－5/I
XDUP　4284001－1

＊＊＊如有印装问题可调换＊＊＊

（摄于 2014 年 12 月）

前　言

　　我的一生只和学校有缘。在四所学校学习和工作的经历充满了我的全部记忆。我在北京大阮府胡同小学读完四年初小，在北京育英学校读完两年高小和六年中学，大学则在北大上了四年本科。毕业后我在西安电子科技大学（及其前身）工作了一辈子。我的家族也与学校有缘。我父亲在清华工作了十八年，二伯父也在清华工作多年。我的四个姐姐出生在清华园。我曾两次报考清华大学，虽然曾被录取但没有去报到，而是在北京大学工学院完成了大学的学业。毕业后北大工学院（除化工系外）与清华合并，这样一来，我除了是正宗的北大校友外，又成为没有在清华学习或工作过的清华校友。我的大姐和二姐也是北大毕业的。我的本家姑父（冯祖荀）和本家堂兄（樊际昌）都是北大知名教授。因此，清华和北大这两个校名时不时地出现在我的脑海中和言谈里。我的回忆内容很多都和这两所名校有关，同时也和育英及西电有关，自然也涉及不少和这四个学校没有直接关系的我的经历。

樊昌信

2015 年 8 月

目　　录

一　我的根在"天堂"

1931年9月12日（阴历八月初一）我出生在北京市，家中除父母外，还有四个姐姐，一个过继哥哥，一个堂兄，我是最小的一个。我的祖籍是浙江省杭县。从上小学开始，我填表把籍贯都写为杭县，但是杭县和杭州

1932年的我

是什么关系，长期以来我都不清楚。直到最近，经查资料才晓得：在隋朝开皇九年（公元589年）将钱唐郡改置杭州，才首次在历史上出现杭州这一地名。唐武德四年（公元621年）为避国号讳，改钱唐为钱塘。民国元年（公元1912年）废杭州府，合并钱塘、仁和两县为杭县。民国16年（公元1927年），析出杭县城区设杭州市。1949年5月杭县解放，建制未变。1958年4月，杭县被撤销，属杭州市郊区。由此可见，籍贯写为杭县应该是我父亲在民国初期按照当时的地区建制划分而填写的。

听父母讲我们的老家在杭县的豆腐三桥，今为浙江省杭州市上城区斗富三桥，此桥在靠近杭州火车站的东河上。传说在南宋年间，安乐王王佐为方便百姓，在东河上造了一座"安乐桥"。宰

今日的斗富三桥

相秦桧听到很嫉妒，为和王佐斗富，就在安乐桥附近并排造了三座桥，并亲自取名为"斗富一桥"、"斗富二桥"和"斗富三桥"。老百姓取笑秦桧，就将那三座桥称为"豆腐桥"。

父亲出生于 1888 年（清光绪十四年），名澄宽，字季清。兄弟三人，父亲排行第三。据说，我的祖父和大伯父都是死在考场上，所以我的祖母坚决不让我父亲再去赶考了。在清朝，我父亲毕业于武昌书院（据说当年中国学校传统名称是：蒙学相当于小学，中斋相当于中学，书院相当于大学）。后来随亲戚汪怡（1875 年生）去辽宁营口工作了一年左右，然后在民国元年（1912 年），和二伯父一起来到北京刚成立的清华学校（清华大学前身）工作。当时同事在背后分别叫他们两人大樊先生和小樊先生。

二伯父在清华图书馆工作。父亲在清华工作了 18 年（从 1912 年到 1929 年），开始时任会计，最后是斋务主任。当年清华的斋务主任管的事情面很宽，有关学生管理的事情都管。从我家中存放的父亲的笔记本中可以发现有关困难学生向学校借钱的记录，有学生某月某日在饭厅吃饭时说话的记录。当年学生在饭厅吃饭时禁止说话，我推测是我父亲根据孔夫子"食不语，寝不言"的教诲制定的饭厅守则。除了管理学生的事务外，父亲也介入学校的其他工作，例如清华第五任（1922—1928年）校长曹云祥于 1923 年日本发生地震后，曾"委托麻伦、杨梦赉、何林一、王绍甄、樊季清、戴孟松六位教师和胡敦元、施滉、何鸿烈三位学生协助，组织日本赈灾委员会"[1]。

曹云祥

我的母亲陈丽真，于 1895 年出生在苏州，8 岁后迁居上海。她没有读过书，但是很聪明，自学认识一些简单汉字，像"王"字，当然还有复杂的，比如"樊"字，麻将牌上的"东西南北万中发"自然也熟识。此外，由于和一些从美国留学回国的清华教授的夫人交往，学会了一些英文单词并会和她们一起打美国扑克"梭哈"（英文 Show Hand 的音译，正式名称是 Five-Card Stud），还和她们一起，跟马约翰学打乒乓球。在上世纪六七十年代，许多生活品都是凭票供应，政府发给每家许多种票证，例如不同尺寸的布票、不同斤两的粮票、各种副食票等，不少文盲老太太分不清，常来向她请教。

布票　　　　　　　　　　　　　粮票

我父亲是杭州人，母亲是苏州人。俗话说"上有天堂，下有苏杭"，所以我似乎是来自天堂，但不幸的是，我出生一周后就发生"九一八事变"，东三省被日本侵略军占领。接着是八年抗日战争、三年解放战争，以及解放后不断的各种"运动"，一直不得安宁，直到半个世纪后，我才有了安定的生活。

我家的堂号是"希圣堂"。"希圣"二字可能出自北宋理学家周敦颐在《通书·志学》中提出的"士希贤，贤希圣，圣希天"的修养论，即士人希望成为贤人，贤人希望成为圣人，圣人希望成为知天之人。"堂号"是家族门户的代称，是家族文化重要的组成部分。今天的年轻人大多没有听说过什么是"堂号"。

我家在清朝时期是官宦人家。我记得家中藏有几张祖宗的画像，平时卷起放在柜子顶上。一次父亲偶然打开，我看到上面画的是穿官服的人像，有戴"红顶子"的，有戴"蓝顶子"的，据说戴"红顶子"的是清朝一二品官员，戴"蓝顶子"的是清朝三四品官员。我看到关于夏衍的书中写有夏衍的回忆[2]："大姑母嫁樊家，住在杭州斗富三桥；二姑母嫁李家，安徽人氏。樊、李两家都为官宦人家，大概是道台、学台或是抚台一类的官员。"由此看来，我家和夏衍家有点儿亲戚关系。

我父母住在清华园 18 年期间，共生育了 5 个女儿。在父亲离开清华后我才出生在北京市内。因第三个女儿夭折，所以家中通常说我只有四个姐姐。由于家中一直没有男性后代，父亲将本家的一个儿子过继到我家，成为我唯一的哥哥(原名樊际龙，过继后改名樊广信)。我二伯父唯一的儿子名樊守信，他在 4 岁时父母双亡，此后他就由我父母抚养。这样，我的父亲就需要抚养 7 个孩子，这也是"七七事变"后，无法拖带许多孩子去南方逃难的主要原因之一。这里附带说明一下，我家男性名字的排辈出自《论语》。《论语》"阳货第十七"篇记载：子张问仁于孔子，孔子曰："能行五者于天下，为仁矣。""请问之。"曰："恭宽信敏惠。恭则不侮，宽则得众，信则人任焉，敏则有功，惠则足以使人。"这里，孔子解释什么是"仁"。我家的排辈分就按"恭宽信敏惠"这五个字。我父亲是"宽"字辈，我是"信"字辈。

1941 年照的全家福，摄于北京黄城根 14 号

(前排右起：母亲陈丽真、我、父亲樊季清；后排右起：三姐樊毓瑛、大姐樊慧英、二姐樊秀瑛、哥哥樊广信、四姐樊美瑛、堂兄樊守信)

1912 年至 1929 年，父亲在北京的清华学校工作期间住在清华校内当年称为"南院"的地方。那里今称"照澜院"，都是一些平房构成

的四合院。1990 年，我的大姐从台湾回来，要我带她去清华"寻根"，她指出照澜院东南角的小院就是我家当年的住处（去看时已经是眼镜店了），还清楚地记得并一一指出梅贻琦、赵元任和马约翰等的家。后来清华还建有一些西式的二层小洋楼，供美国教职员住。1956 年，我随我校代表团一行数人从张家口去清华大学"取经"。清华校方安排我们住的就是这种二层小洋楼，当时这座小洋楼大概是作为招待所用的。记得校长蒋南翔当时住在另一座类似的小楼。那次我曾到清华无线电系常迥教授家拜访，他家就住在照澜院的一个四合院内。我第二次见到常迥教授已经是

常迥

1982 年的一次全国性学术会议上了，他和我谈起文革中交白卷的"张铁生事件"后在北京"考教授"的事。一天，他接到通知，要求进城开重要会议，必须带笔做记录。去后得知原来是要考这些教授的数理化基础。他说钱伟长的物理考了一百分，他的化学考题中有一道题是考尿素的分子式，他说："我上中学时，还没发明尿素呢！"（注：那时尿素已经发明，但是还没有进入教学内容。）此后，至 1991 年他去世我再没有见到过这位可敬的教授。

　　我出生在国家多事之秋的 1931 年——"九一八事变"前一周，这时我家已经从清华园搬到城里了。1933 年至 1934 年，全家随父亲迁往绥远省（现内蒙）萨拉齐县。父亲是随在清华工作时的好友虞振镛去那里的民生渠水利委员会工作，参加修建民生渠水利工程，虞振镛当时任绥远民生渠水利委员会委员兼总干事。那时，中国的农村是极端贫困的。我家到萨拉齐县后，在当地似乎是大富豪，而实际上只是从北京来的一个普通的工薪人家。然而和当地普通人家比较起来贫富差距极大，所以家中不得不雇请一个带长枪的保安，每天夜里值班，以防止强盗小偷入侵，这个保安在夜晚有时会开枪以吓走房顶上出现的蟊贼。即使如此，在夜间还不时会听到房顶上有人走动的声

音，曾经有贼人在夜晚进入室内偷盗，吓得我父母在卧室不敢出声，任凭贼人偷走一些不很值钱的东西。

一年多后，父亲又回到北京，在中国华洋义赈会工作。这时中国华洋义赈会的地址在北京王府井大街附近的菜场胡同，所以我们家就在菜场胡同租房居住。1936年起我就近在大阮府胡同小学开始上一年级。菜场胡同在今天的王府井百货大楼北侧，大阮府胡同在王府井百货大楼南侧。

二 上小学和"七七事变"

大阮府胡同小学是一所平民化的市立小学,规模不大。从一年级到四年级都是"复式教学",即一、二年级在同一个教室上课,三、四年级在同一个教室上课,两个年级的学生分别坐在教室的左右边。每节课上,老师给一半学生讲课时,另一半就坐在原位上写作业或自习。所以实际上学生只有一半时间在听课。老师都还是不错的。因为我上学早,一年级开学时我才不到五周岁,所以许多事情印象不深。记得在二年级时,一天适逢大雪天,语文老师应景说了一首打油诗:"大雪纷纷涌,房上没瓦垄,黑狗变白狗,白狗身上肿。"因为通俗易懂,因景生情,所以很容易记忆。"七七事变"后,日本人要求小学生二年级起学日文。从此开始学了七年多日文,直至抗战胜利。

大阮府胡同小学传达室的工友有个传统,每逢端午节和中秋节都要向小学生要"节钱"。到那天早晨上课前就站在学校大门口,向每个进门的小学生伸手,没有钱过不了这一关。所以我都要提前一天向家长要点儿零钱,应付这一关。平时我的口袋里是没有钱的。后来转到育英学校后就没有这个规矩了。

1937 年 7 月,在卢沟桥发生了"七七事变",日本军队入侵,北京沦陷。这时我父亲的不少好友和亲戚都向南逃难。我父亲因为有七个孩子拖累,向南走也没有经济实力和经济来源,所以只能留下来。父亲的一个清华好友(李广诚,曾任清华庶务长)临去南方

清华庶务长李广诚

逃难时，把他租的房子让给我家续租，因为他家的房子比较好，有自来水和卫生间，而我家当时住的菜场胡同的房子没有自来水，所以就搬过去了。在那个年代，北京市内的许多房子是没有自来水的，用水要靠水车每天送水。一般的水车是人力推的独轮车，木制独轮车两边各有一个木制水箱。水车走来吱吱作响，并且一路滴水。吃这种水的人家先用钱买来水牌（手指粗细长短的小竹牌），然后每天再用水牌换水。我家住在黄城根时左邻右舍都没有自来水。在我家墙外就有一口水井，经常有水车来从井中打水送到各家。

李广诚夫妇很喜欢小孩，他们有多个子女。我的大姐和二姐小时候常到他家玩。我家搬到绥远萨拉齐县期间，二姐为在北京读书就寄宿在李家。很难得的是，我最近居然从网上找到了李广诚的一个儿子李增德的信息。李增德生于1917年，我于2014年再次联络到他时，他已97岁，仍然身体健康，居住在广州儿子家，并且能每天上网，和我经常用电子邮件联系。

李增德（摄于2014年5月）

新搬去的房子地址在东安门黄城根（现在的地名改为东黄城根南街）14号。此地距离我上学的大阮府胡同稍微远些，所以在我初小毕业后就转学到较近的灯市口大街育英学校，在那里从高小（五年级）一直读到高中毕业。

搬家后不久，听说日本人会到各家入户检查抗日物品，家中就彻底查找有关抗日的书籍和期刊杂志，集中在院中焚烧。在家中的堂屋墙壁上挂有四个条幅，我记得两边的是梁启超给父亲写的对联，对联的上联是"大开户牗纳

梁启超

新气"，下联记不清了，中间两个条幅中有一个是父亲特别挂上的大书法家郑孝胥写的条幅。因为"九一八事变"后，1932 年满洲国成立，郑孝胥是满洲国首任总理大臣，是亲日派、大汉奸，父亲希望一旦日本人来搜查时，或许它能起一点儿护身符的作用。顺便提及，交通银行招牌上的四个汉字正是郑孝胥所题的。

郑孝胥

郑孝胥的书法

我家住在黄城根 14 号期间还遇到了一件令我印象深刻的震惊中外的事件。在 1940 年 11 月 29 日上午，国民党军统特工人员麻克敌和邱国丰在北京街头刺杀日本天皇特使高月保男爵和乘兼悦郎中佐，致使一死一伤。由于日方追捕中，误将麻克敌姓"麻"当作脸上有麻子的人，导致不久就发生了日军在北京满城抓"大麻子"的事情，造成麻子都不敢上街了。此事发生在"东黄城根 14 号"门前。按照当时北京的地名，东黄城根在锣鼓巷附近，在黄城根的北边。所以那段时间，有几次日本军人骑着高头大马和地方人员一起来误敲我家大门进行调查。这两个地名也常被本地人混淆，所以父亲写信时都把地址写成"东安门黄城根 14 号"以免混淆。直至今日，仍然有不少人，以讹传讹，把当年刺杀日皇特使的地点在网上写成"黄城根 14 号"[3]。若不是我当年就住在那里，亲身经历，恐怕今后无人能发现此错误了。

从我家向北走不太远就到了沙滩，那里有著名的五四运动发祥地北大红楼，但是日军占领北京后，红楼被日军占据作为日本的宪兵司令部。红楼的地下室中就关押着被日军抓来的抗日或有抗日嫌疑的中外人士。宪兵司令部大门在路北，门外经常有两名日本大兵站岗。我经过那里时从来不敢在门前走，而是在马路南边走，非常怕日本兵找麻烦。

"黄城根"的地名是推翻清朝进入民国后由"皇城根"改成的。北京城以三道城墙围出了紫禁城、皇城和内城三个部分，在内城南还有外城。紫禁城即如今的故宫；内城城墙，即在如今的二环路所在位置；紫禁城和内城之间则是皇城。皇城有东西南北四个城门，即东安门、西安门、天安门、地安门，这四个地名今天仍在，除天安门外其他三个门都被拆除了，只有今天的"东安市场"仍保留着当年东安门的踪影。皇城的城墙从民国初年起就陆续被拆除，至1927年就全部拆光了。我家搬到黄城根时，已经看不见皇城了。黄城根大街是南北走向，我家位于黄城根大街的东侧。家门口的马路对面是已经拆去了的城墙的遗址，所以是长长的一片空地，那里当年是我放风筝的好地方。城墙遗址的西侧是一条小河，河边小路称为北河沿，小河向南流到东安门附近就变成暗沟了。今天这段小河也已经变成暗沟了。我每天去大阮府胡同上学，有时走黄城根大街，有时为了好玩，就沿河走北河沿。日本人来了几年后，我家对面的空地被日本人的工厂占用，用铁丝网围起来，在里面盖了简易的库房，我放风筝的地方就没有了，不过即使有地方放风筝，也买不起风筝了。到1945年8月抗日战争胜利消息传来，老百姓马上把日本人的这个仓库抢劫一空，连房子和铁丝网都拆得一点儿不剩。

日本侵略军占领北京后，除了日本军人外，还来了不少其他日本人，包括在政府机关、企业和学校中任职的日本人及其家属等。随之而来的还有朝鲜人，因为当时的朝鲜是日本的殖民地，已经被日本同化了，朝鲜人也都说日本话，中国人都叫他们"高丽棒子"，他们常常仗势欺人。不过一般中国人分辨不出日本人和朝鲜人。

日本人占领北京后主要是网罗亲日华人以组织伪政权，以及搜捕公开和潜在的抗日人士。我在家中常听到家人在偷偷地说某某人被逮捕或失踪了，以及被逮捕的人被灌辣椒水和受刑的消息。在1941年12月8日太平洋战争爆发后，日本对英美宣战，在京的英美人士全部被关押或遣送回国。我所就读的育英学校是美国人办的教会学校，所以被关闭并改为市立学校。

可能因为北京是大城市，我还没有见到过日本军人在城内公开烧杀抢掠，但是欺负中国人的事件还是经常发生的，特别是欺负那些下层劳动人民，例如人力车夫。日本军人乘坐人力车不给钱和殴打车夫的事时常发生。也会见到有的贫穷劳动人民倒毙街头。我们一般见到日本人，特别是日本军人，都离得远远的，免得惹上是非。在日本军队占领北京后期，中国人连粗粮都没得吃的时候，在京的日本人却享有特权，依然被供应大米白面。由于汽油只供应日本军车，北京的一般汽车，包括小卧车、大轿车和卡车，都用煤气代替汽油。这样一来，每辆汽车后面都要加装一个煤气发生炉，炉中烧木柴。在开车前要提前几十分钟点火，用手摇吹风机向炉内鼓风，产生足够的煤气后才能启动汽车。战争后期，日本军队的弹药紧张，缺乏铜，于是保长就挨家挨户通知要每家"献铜"，规定每家必须交多少斤。这种"献铜"活动不止一次，过一段时间又要献。我家每次都要找几件旧铜器上缴，后来只得把每年祭祀祖先用的铜香炉和烛台等也上缴了。

在上世纪三四十年代，北京市数东城最繁荣，是中上层人士集中居住的地方；西城不如东城繁荣；外城（宣武门和崇文门外）则更为荒凉，有大片农田和坟地。住在黄城根期间，我吃完晚饭后常在大门外休息看街景。黄城根大街按照当时的水准，算是比较宽阔的。大街两边的人行便道也很宽。大街虽然没有铺上沥青路面，有汽车路过时带起一阵灰沙，但是几十分钟才有一辆汽车经过，加之那时的汽车走得也慢，带起的灰尘也不很大，所以不但不怕灰沙，还想等汽车过来看看是什么样的车。另外一件想看的东西是送葬队伍焚烧的纸马、纸车、纸人和纸楼等。当时人们迷信地认为这些东西烧了会给死人在阴间享用。可能因为此地原来是皇城墙外偏僻之处，所以不知从什么年代开始，这里就成了出殡队伍焚烧这些东西的场地，经常可以看到规模宏大的壮观场面。记忆特别深刻的是，我家向北二三十米有条小巷叫关家大院，巷内住有一个大汉奸殷同，他在日寇占领北京时期曾任"伪华北政务委员会"常务委员兼建设总署督办，病死于1942年12月31日。他死后送殡的排场特别隆重，除了一般的纸楼、纸人等，还有纸汽车、纸飞机等现代化的先进装备。这在当时是绝无仅有、难得一见的景象。

殷同

三　中国现代养殖农业的先驱虞振镛

——"七七事变"后南迁亲友之一

虞振镛

"七七事变"后，在离开北京南迁的亲友中，有两个人值得一提，一个是虞振镛。他和我父亲可以算是莫逆之交。虞振镛 1890 年生于浙江慈溪浦东村，1907 年考入上海圣约翰大学，1911 年赴北京参加清华学堂留美预备学生的甄别考试，考取第三批庚款留美生，于当年秋季被保送入美国伊利诺伊大学攻读畜牧学，1914 年毕业获学士学位；之后又考入康奈尔大学研究生院，于 1915 年毕业，获硕士学位。同年，虞振镛受清华学校聘请回国任教。先担任教授兼农场主任，20 年代初，清华大学创设农科，他被任命为农学系主任、农场场长，为培养我国现代农业科技人才作出了贡献。[4] 他在清华工作期间，也曾住在清华南院，他家大门正对我家后门，两家来往密切。

1920 年，虞再度赴美，入德克萨斯州农工学院专攻乳牛学。1921 年他选购了良种荷兰（Holstein）、娟姗（Jersey）和安雪（Ayrshire）乳牛共 13 头，亲自照料，飘洋过海，历时一月有余，安全到达北京。据说他从美国回国时在轮船上是与奶牛同舱，共渡太平洋回来的。回来后在清华学校附近创建了"北京模范牛奶场"。北京模范牛奶场的建立，标志着我国自办现代化乳牛事业的肇始。它是我国早期生产无结核菌牛乳并采用巴斯德法（Pasteurisation）灭菌的牛奶场之一。巴斯德是法国生物学家，他发明的巴氏消毒法用于牛奶时，是以 72℃ ~75℃ 的温度把牛奶煮 15 ~30 秒，然后立刻冷却到 4℃ ~5℃。此法由于未煮沸，因此既不会破坏奶制品的营养成分，又能保留牛奶的风味，但另一方面不煮沸就不能消除牛奶里的全部微生物，只刚好把致病的细菌消灭，在室温下一两天后仍会变质，故不能较长期保存。我父亲参与创办了此牛奶场，并是董事会的董事之一。

在陈为樑回忆他父亲陈叔敬的文章《他创办重庆第一家牛奶场》中提到大约 1928 年"在燕京大学附近，恰好就有一家'模范牛奶场'，它是由清华毕业的一位留美学生所办的。爹爹就是受它的启发回重庆开办的牛奶场。"这里提到的牛奶场就是虞振镛所创办的。后来此牛奶场的厂址迁到北京城里景山前街景山公园正门东侧空旷的草地上，是一座灰色二层小楼，其中包括生产车间和办公室等。一次父亲曾带我去那里开董事会，使我有机会参观了那里的现代化牛奶生产线。现在，这座小楼好像仍在。

1928 年，清华学校改名国立清华大学，取消农科。虞应北平大学农学院聘请，任该校教授兼农场主任。翌年，虞赴东北担任辽宁省通辽县钱家店三畲堂农事试验场场长。1931 年"九一八事变"后，返回北平，任北平大学农学院代理院长。他是我国现代农业教育事业的先驱之一、兽疫防治系统的奠基人、中国现代养殖农业的鼻祖。[5]

1932 至 1934 年虞振镛任中国华洋义赈会农利股主任及绥远民生渠水利委员会委员兼总干事。1933 至 1934 年我父亲随他去绥远萨拉齐县参加修建"民生渠"水利工程，回京之后，到北京的"中国华洋义赈会"工作。

1936 年，应清华大学前校长周贻春的邀请，虞南下任国民政府实业部渔牧司司长兼种畜场场长。1937 年后，抗日战争开始，虞随政府撤往西南。他办的模范牛奶场随着日寇占领北京也就无疾而终了。他在离京前，把家中的东西全部拍卖。这里所谓的"拍卖"是通知亲朋好友前往家中，捡有用的东西，给些钱就拿走。我和家人也去了，买了写字台等家具和三辆自行车，其中一辆24英寸的小自行车就成为我上学的交通工具，另外两辆给我二姐和哥哥骑了。

　　八年抗战期间，虞振镛始终在贵州省工作，先后担任贵州省建设厅主任技正和农业改进所所长等职。抗日战争胜利后，他重返南京，先后任农林部渔牧司司长、畜牧司司长。1948年冬，虞振镛辞去政府职务，接受上海畜产公司聘请担任该公司经理。从1936年到1948年，他担任政府高级官员达13年之久，廉洁奉公，淡泊明志，洁身自好，以至在贵州工作时一贫如洗。他学医的女儿悄悄去卖血，弥补自己的学费和生活费用。他在当时贪污腐化成风的社会里出污泥而不染，令人敬佩。

　　1949年6月杭州解放后，虞振镛应浙江大学农学院院长蔡邦华之请，在浙大任教授。8月浙大成立畜牧兽医系，他兼任系主任。1954年全国高等院校院系调整后虞被调到南京农学院任教授。1958年他退休后迁居北京，同小女儿虞佩玉相依为命；1962年11月13日在京逝世，终年72岁。虞是九三学社社员，曾担任南京市政协委员。

四　西南联大教务长樊际昌

——"七七事变"后南迁亲友之二

　　另一位离京的是樊际昌，字逵羽。他是我本家哥哥。我家兄姐都叫他"逵羽大哥"。我的哥哥樊广信过继前原名樊际龙，和他的辈分排名一样，都是"际"字辈。樊际昌1898年出生，1918年在上海南洋公学毕业，于1919年考取清华的半官费留学，到美国华盛顿大学攻读心理学。当时我父亲正在清华工作，经济比较富裕，所以就资助了他部分留学费用。那时樊际昌和我家来往较多。

　　1921年，樊际昌从美国华盛顿大学心理学系毕业，回到北京，先后在清华、北大任教，同时在北师大、中国大学教外语。1924年樊际昌因其父病危回到杭州，任浙江省禁烟专员。1925年其父病故。1926年蒋梦麟函催其返校，樊际昌回到北京，继续在清华、北大任心理学教授，兼北大注册部主任。1930年蒋梦麟任北大校长，樊受聘为北大文学院教授、心理学系主任兼课业长（即教务

樊际昌

长）。樊际昌对教务工作很严谨，对心理学和英语教学要求也很严格。心理学教案都是夜间用打字机打好，让助教翻译成中文，再经他修改后印发给学生。

　　1933年是李大钊殉难6周年。因为李大钊也是北大教授，李大钊遗孀赵纫兰携子女从故乡返回北平，求见烈士生前好友蒋梦麟、胡

适、周作人等，向他们请求北大代为办理安葬事宜。时任校长的蒋梦麟慨然允诺。北大同事为李大钊发起厚葬，发起者的 13 人中，有蒋梦麟、胡适、周作人、傅斯年等及樊际昌，每人捐 20 元。1933 年 4 月 22 日举行公祭时，樊际昌也是参加者之一。

1935 年"一二·九"、"一二·一六"运动中，北京大学许多主张爱国抗日的学生被国民党当局逮捕、打伤。樊际昌作为北大教务长，积极利用各方面的关系，营救被捕者，慰问受伤学生。12 月 19 日下午，又赴公安局将被捕同学 5 人先后无条件保释出狱。[6]

1936 年 11 月，34 位心理学学者发起成立"中国心理学会"，樊际昌是发起人之一。1937 年 1 月 24 日，中国心理学会在南京正式成立。

1937 年"七七事变"后，国民政府决定北大、清华、南开三校合并南迁，由蒋梦麟、梅贻琦、张伯苓三校长组成校务委员会，由樊际昌和潘光旦、黄子坚等负责学校搬迁事宜。1937 年 11 月开始，三千余名师生由北京陆续抵达湖南长沙，成立了临时大学。后因日寇不断轰炸，无法安定，决定再迁云南昆明。在 1938 年 3 月下旬抵达昆明后，三校正式改称西南联大。樊际昌担任西南联大教务长，直至抗战胜利三校各自复校为止。

1941 年 12 月，太平洋战争爆发。1943 年陈纳德将军率飞虎队来华助战，大批美方人员来到昆明，为解决语言沟通上的困难，国民党政府令西南联大开办"译员训练班"，樊际昌被任命为训练班主任。不久，史迪威将军又率领更多的美军人员

樊际昌墓

来到中国战区，需要更多的译员随军服务，樊际昌提出招收大学三年级肄业学生受训，在极短时期内，培养出了一大批合格译员，满足了

抗战需要。西安电子科技大学胡征教授当年在西南联大读书，就曾经参加此训练班并做过随军译员。

抗日胜利后，回到北京，樊际昌依然担任北大心理系主任。1946年5月，蒋梦麟任民国政府行政院秘书长，樊际昌应蒋梦麟之邀，以从北大借调之名，担任秘书长的助手。1947年春，樊际昌又随蒋梦麟去广州创办农村复兴委员会。1948年10月1日，农复会在南京正式成立，蒋梦麟出任主任委员，樊际昌任农复会秘书长、总务长。1948年末他随蒋梦麟去了台湾。1964年他从农复会退休，又先后在台湾政治大学、台湾大学受聘任教，直至1975年2月24日病逝。后葬于台湾阳明山墓地，蒋介石和严家淦分别在樊际昌的墓碑上题字："逵羽同志千古 志業長昭 蒋中正"、"际昌先生千古 樂育垂績 严家淦"。

樊际昌墓碑上的题字

五 我国现代数学的开山鼻祖冯祖荀
——"七七事变"后留京的亲友之一

抗战期间留在北京没有逃难的亲戚，经常来往的主要有三位。第一位是冯祖荀，字汉叔。他是我的本家姑父，1880 年生于浙江杭县，1902 年考入京师大学堂师范馆，1904年，入日本京都第一高等学校做语言和基础课方面的补习，一年后转至京都帝国大学理学部研读数学。他是我国最早的一位数学专业留学生。在他的一生中多次破纪录创造"第一"：他是中国出国留学生中学习西方现

冯祖荀

代数学的第一人；他也是中国的大学中第一个数学系——北京大学数学系的创办人与系主任；他还是 1908 年发刊的中国第一份科技译刊《学海》的创办人之一，他自己翻译了英国人玻尔所著的《物质及以太论》，登载于《学海》的首期。除北大外，他还兼任过北京师范大学数学系主任、北平女子师范大学数学系主任以及东北大学数学系主任，为这三所大学数学系的创立和发展呕心沥血，称得上是我国现代数学的开山鼻祖。[7]

辛亥革命后京师大学堂更名为北京大学。1912 年 10 月，冯祖荀即到该校任理科教授。到 1913 年，北京大学开设数学门（相当于后来的"系"），冯祖荀是该系的主要教授。冯祖荀擅长分析学方面的学科，在 1924—1925 年度课表中所列由冯祖荀讲授的课程有：集合论、

积分方程式论及微分方程式论、无穷级数论、变分法、椭圆函数及椭圆模函数论等。1929 年，由冯祖荀和张贻惠（物理学家）发起成立了中国数理学会。1931 年，在杭州西子湖一艘小游船上，一群著名大学数学系的元老们在开中国第一次数学名词审定会，他们是：冯祖荀、姜立夫、熊庆来、江泽涵、何鲁、胡明复、陈建功、苏步青和段子燮等。冯祖荀是西湖会议的发起人之一。1935 年中国数学会在上海成立，冯祖荀被选为 9 名董事之一。

冯祖荀还是一些当代大数学家的引路人。江泽涵先生是我国数学界的一位泰斗，当年由南开大学算学系毕业之后，来到北京大学数学系，成为冯祖荀先生的学生，曾听他的数学分析课。江泽涵后赴美深造获哈佛大学博士学位，1931 年回国，立即被冯祖荀聘为数学系教授，并在 1934 年经冯祖荀的多次推动从冯祖荀手中接掌了北京大学数学系主任。江泽涵主持北大数学系直至 1952 年。

冯祖荀培养的另一位当代杰出的世界级大数学家是樊畿。冯祖荀既是樊畿的数学启蒙老师，也是他的姑父。樊畿起初对于建筑工程有浓厚兴趣，在冯祖荀苦心劝导、循循善诱下，终于被带进了数学领域。樊畿在北大数学系毕业后，考取了公费留学法国，继续深造，取得了举世瞩目的重大成就，跻身当代世界大数学家的行列。1983 年，法裔美国数学家德布鲁出人意料地荣获了当年诺贝尔经济学奖，其获奖的原因是他运用现代数学方法，创立了关于"商品的经济与社会均衡的存在定理"。德布鲁所运用的数学方法并非他自己的创造发明，而是他作为一个数学家，系统地掌握了现代"非线性泛函分析"理论，特别是樊畿所创造的"不动点理论"，那些令人拍案叫绝的"极小极大定理"，然后把它们巧妙地应用到了经济学中。德布鲁获得诺贝尔经济学奖后，在一次招待宴会上，他和樊畿在一起相谈甚欢。一位数学家插进来开玩笑说："你是否可以拿出三分之一的奖金，分给樊博士？"德布鲁一本正经地回答："我刚向樊博士提议分他一半，可他拒绝了。"玩笑归玩笑，德布鲁在多次演讲中真诚地感激樊畿，高度评价了他所创造的数学理论在自己的经济学研究中起到的关键作用。

抗日战争爆发后，北大、清华等校南迁之际，各校都留下部分教职员看管校产。北大"留平教授"中有周作人、孟森、马裕藻和冯祖荀，这四人每个月还能得到北京大学寄来的五十元津贴。冯祖荀那时患有严重的肺结核，随校南迁是根本不可能的。后来，冯祖荀不仅协助将北京大学数学系的学籍档案尽量转移至昆明，还为保护北大不能搬走的资产和档案图书日夜惊心，随时盘查。1938年春，日本宪兵队看中了北大二院，即理学院的房子，要求两三天内腾出来。那时，北大"留平教授"孟森已经去世，马裕藻不愿管事，遂由周作人与冯祖荀两位硬着头皮，去找"临时政府教育总督"汤尔和，说服他当夜去与日本宪兵队长谈判，北大二院得以保全，存放在二院的理科各系的教学与实验仪器设备躲过一劫。

冯祖荀有着严谨的数学头脑，但是在生活上又有其糊涂和潇洒的一面。他与鲁迅及周作人（鲁迅的弟弟，鲁迅原名周树人）交往较密，在宣统年间他与鲁迅同在浙江两级师范学堂教书。鲁迅曾经讲过他在民国十年左右的一个故事：有一天在路上与汉叔相遇，彼此举帽一点首后将要走过去的时候，汉叔忽叫停车，似乎有话要说。乃至下车之后，他并不开口，却从皮夹里掏出二十元钞票来，交给鲁迅，说"这是还那一天输给你的欠账的。"鲁迅因为并无其事，便说，"那一天我并没有同你打牌，也并不输钱给我呀。"他这才说道："哦，哦，这不是你么?"乃作别而去。[8]

周作人曾回忆："在民国初年的冯汉叔，大概是很时髦的，据说他坐的乃是自用车，除了装饰崭新之外，车灯也是特别，普通的车只点一盏，有的还用植物油，乌沉沉的很有点凄惨相，有的是左右两盏灯，都点上了电石，便很觉得阔气了。他的车上却有四盏，便是在靠手的旁边又添上两盏灯，一齐点上了就光明灿烂，对面来的人连眼睛都要睁不开了。脚底下又装着响铃，车上的人用脚踏着，一路发出峥纵的响声，车子向前飞跑，引得路上行人皆驻足而视。据说那时北京这样的车子没有第二辆，所以假如路上遇见四盏灯的洋车，便可以知道这是冯汉叔，他正往'八大胡同'去打茶围去了。爱说笑话的人，便给这样的车取了一个别名，叫做'器字车'，四个口像四盏灯，两盏灯的叫'哭字车'，一盏的就叫'吠字车'。算起来坐器字车的还算比较便宜，因为中间虽然是个'犬'字，但比较'哭'、'吠'二字究竟要好得多了。"周作人还说他"数学很好，喜欢下棋和喝酒……大家尽管笑他酒糊涂……若是一脚踏上了讲台，即使他还是那么醉醺醺的，但对于数学上的任何问题都能讲得清、做得出，学生无不觉得奇怪。"[9]

上面提到的人力车上安装的电石灯，消失已经多年了。它点燃的气体来自一个圆柱形铜罐，铜罐大小比现在旅行携带的保温瓶略大。铜罐分成上下两半，下半部分放有电石，即碳化钙（CaC_2），电石的形状类似于生石灰块；铜罐上半部是水槽，在使用时灌入水，水可以慢慢滴入下半部。水和电石发生化学反应产生乙炔（C_2H_2），乙炔经软橡皮管通到灯头点燃。当年只有私家（私人买的或包月租的）人力车上才装有电石灯。

周作人在上文中还提到人力车上装的"响铃"。响铃在当时也仅在私家人力车上才有，它为扁圆形，像荸荠，铜质中空，大小如排球，装在人力车脚踏板的下面，中间有一个带击锤的轴杆穿过踏板，乘车人可以用脚踏击轴杆发声。这种东西现在已经绝迹了，许多人都没有见过。

在我上小学时，姑父冯祖荀的家在北京王府井附近的大甜水井胡同，离我家不远，所以我们两家来往较多，主要是我的本家姑母——冯祖荀的夫人，常来我家聊天和打麻将。因为他们没有子女，我母亲叫我多去他们家陪陪他们，所以我周末常去他们家。他们家住的是有多进院落的四合院，姑父住在主院的 5 间北屋，院子是正方形，偏南有一棵大枣树，秋天枣儿成熟的时候，我曾在那里用竹竿打枣吃。姑母是虔诚的佛教居士，在 5 间北屋中隔开一间小佛堂。她每逢阴历初一和十五都吃素。来我家打完牌吃晚饭时，她时常提醒我们要节约粮食，掉在饭桌上的饭粒，她一定要捡起来吃掉。

在那5间北屋的后面还有一个窄方形小院，只有5间北房，房内存放他家多余的家具，那些家具都用布盖着。我推想他家原来住的房子一定比现在大很多，我当时年幼，所以不知道他以前的住址。我在他们家中主要是陪姑母说话，姑父常在书房中工作。有一次看到姑父用红色粗铅笔在纸上写数学公式，觉得很奇怪，不知道他是给学生改作业还是做什么，我不敢打搅他，也不敢多问。

在1941年，姑父病重。临去世前，我到他家，姑母正在请医生急救。当医生进门时，姑母马上跪在地上向医生磕头，请医生一定要救活姑父。医生打了强心针，还是没有能救活姑父。姑父去世后，因为亲友来吊唁时，没有子女在灵前答谢，姑母就求我父母同意借我去当孝子。这样，我就在灵柩旁跪了三天。那三天晚上还请了一些和尚来家里念经超度。由于我父亲年轻时就在清华工作，很早接触到西方的文化，所以家中封建传统的习俗保留不多。家中逢年过节时，无论是给祖先上供还是给长辈行礼，只鞠躬，不磕头。这次给姑父当孝子，是我有生以来第一次下跪磕头。姑父去世后不久，姑母就一人回杭州老家去了。

苏步青题写的冯祖荀先生墓碑

苏步青

　　抗日战争胜利后，北京大学返京，1947 年由校方出面将冯祖荀重新安葬。墓址在北京八大处福田公墓内，墓碑由胡适题写为"冯汉叔先生墓"，文革时遭毁坏。樊畿作为美国加州大学（UCSB）教授于 1993 年从美国回北大讲学时出资重修冯祖荀墓，碑文由我国著名数学家苏步青题写"数学家冯祖荀汉叔先生之墓 1880—1941"。樊畿也于 2010 年 3 月 22 日去世了，享年 95 岁。冯祖荀墓地在福田公墓中的位置是在"猪：南 1 组，制字区"。

六　我国现代速记法的创始人汪怡
——"七七事变"后留京亲友之二

　　第二位没有离京逃难的亲戚是汪怡，我们习惯叫他"汪干爷"，因为他认我大姐作干女儿。前面提到过，汪怡最早曾带我父亲去营口工作。回京后，两家仍经常来往，特别是逢年过节。汪怡，字一庵，1875年生，毕业于两湖书院。据说在清朝时曾做过县太爷，民国时期曾任职于教育部并兼北京师范大学、北京师范学校教员。1925年，他和赵元任、刘半农、黎锦熙、钱玄同、林语堂等人在上海组织"数人会"，从事语音、乐律的研究，致力于推行国语运动，并参与议定国语罗马字化的活动。他所著的《新著国语发音学》（商务印书馆，1924年）一书是国语运动中产生的第一部适用的国音课本，具有开创性意义。他和赵元任参与校订了1932年5月出版的《国音常用字汇》。此书出版后，由教育部规定为推行统一读音的字典。"七七事变"后，《国音常用字汇》的增修工作与另一部字典《国音字典》的主持编写合并统一交由汪怡办理。另一部辞书《国语辞典》前后有很多编写人员，但从始至终参与其中的仅有汪怡和徐一士两人。其中4卷本有黎锦熙和汪怡两人的序，8卷本仅有汪怡作的新序。

　　汪怡比我父亲年长13岁，所以在我的印象中，他是两鬓花白的老者。他到我家时我曾和他下象棋玩，那时我还不到十岁。我印象最深的是他发明了一种速记法，称为"汪怡式速记"。他于1919年发表了《中国新式速记术》（第一式）；1928年又修订出版了《中国最新速记术》（第二式）；1931年再加修订，又出版了《汪怡国语速记学》（第三式）；到 1936 年进一步简化后，又出版了《汪怡简式速记》（第四式）。第二式发表后，作者本人就到各大学和职业学校讲授，到 1931 年更创立了国语速记传习所，在北京推广速记术，培养了一批速记人才，在北方影响较大。汪怡晚年时期赴台，在台湾发表了《汪怡速记第五式》。

他的速记学著作对发展我国的速记学起了很大的作用，在速记史上占有重要地位。在解放区，1938 年党中央举办第一期速记训练班，由石磊(张霁中)任教，传授汪怡简式速记。第一期二十人，共办了六期，受训的共约二百余人。1946 年开始，东北解放区办了几期党政机关速记人员训练班，由延安党中央速记室老速记工作者章岩主讲"汪怡速记"，为革命工作培养了一批人材。[10]解放后，中央办公厅自有速记记录开始，就采用了"汪怡速记"，采取培训班的形式，培养了一代又一代的速记员。[11]

日寇占领北京期间，汪怡仍留在"中国大辞典编纂处"继续工作。编纂处从 1928 年起就设在中南海内，以中海居仁堂之"西四所"为处址。他在此处附带开设了速记训练班，免费推广汪怡速记法。我的大姐和三姐都曾作为正式学员参加学习。我的三姐当时在该编纂处参与词典编辑工作，在学习速记结业后又在训练班当过速记教员。受她们的影响，那时我也在家用姐姐们的速记教材自学起来。终究不是科班出身，记录速度始终没有达到要求。

这里附带多说几句，在日寇占领北京期间，中南海和北海都是对老百姓开放的公园。中南海门票比北海便宜，所以有一段时间我堂兄樊守信在有工作挣钱后，常带我去那里划船，在瀛台的假山上钻山洞玩。不过，在中南海内有一些私人住宅和机关院落，游人是不能入内的。上面提到，中国大辞典编纂处也是位于中南海内。编纂处院内有一些清朝就栽种在那里的花草树木。记得那里的桃树在秋季结果后，桃子就被分给编纂处的人员，姐姐还曾带回家过，皇家的桃子的确很大很甜。直到抗日战争胜利，中南海被李宗仁占用作为李宗仁的"北平行辕"后，才开始禁止游人入内。

汪怡有两个儿子。大儿子在抗日时期离家出走，去了解放区。不过当时是不敢公开讲去解放区的；对外只说是失踪了。直到全国解放后，他才回到北京，据说是在北京的一个汽车厂当过厂长，他和我家再没有来往。汪怡的二儿子叫汪公立，一直住在北京，在1980年代逝世。我在后面还要提到他，他帮了我一个很大的忙。

七 "七七事变"后留京的其他亲友

第三位是诸公渊。他是我表哥，并和一位我唤做四姐（樊惠瑛）的族姐结婚，因此我们两家来往较密切。他们共生育了一子两女，虽然是表兄妹近亲结婚，但是子女都非常健康。其子诸昌钤目前已经从西南交通大学信息科学与技术学院第二任院长岗位上退休；其二女诸昌清系清华大学电子工程系教授，现已逝世。

诸公渊在北京一所法国学校上的小学和中学，因此法文很好。在60年代，中法建交前后，我国急缺法语人才，据说诸公渊曾被借去给周恩来总理当翻译。抗日战争胜利后，他在北京电影制片厂工作。经他的引荐，我哥哥到该厂任会计，我三姐也到北京影片发行服务处任会计。因此他对我家帮助很大。在那个年代，没有一定的"关系"，找工作是很困难的一件事；今天在一定程度上可能也是如此。

除了上述经常来往的三家外，还有一位"有往无来"但是需要一提的亲戚吴甘侯。他是我祖母娘家的亲戚，也是浙江杭州人，和我父亲是同辈人。吴甘侯在抗战前的主要职业不详，现在只知道他是1930年冬成立的"北平家庭福利协济会"[12]董事会的20名董事之一。北平家庭福利协济会的中心宗旨是辅助贫民家庭改善其生活状态。董事中很多都是当时中国社会工作界的头面人物，例如曾任清华大学校长的周诒春和梅贻琦，以及章元善，他在建国后曾任政务院参事、民建发起人之一、第二至第六届全国政协委员并曾任欧美同学会理事长。在日寇占领北平后，北平市改称北京特别市。吴甘侯曾任北京特别市政府的秘书长。我父亲经他帮忙，才得到教育局第一科文书股股长一职。所谓"有往无来"是说每年春节父亲都要去他家拜年，而他从来没有来过我家。只是在我父亲去世后，他曾来家里吊唁。

八　北京沦陷后的家

在北京八年沦陷期间，由于日寇的掠夺和压榨，物价飞涨，民不聊生，我们家也从小康之家逐渐沦至食不果腹。我父亲在"七七事变"前后经历了一段不断换工作和失业后，大部分时间是在北京市政府教育局文书股任股长。当时政府机关人员的任命仍沿用民国政府的制度，分为：特任、简任、荐任和委任四种。套用目前的级别对比，特任级相当国家主席、总理等中央官员；简任级相当省部级；荐任级相当司局级和处级；科级以下都属于委任级。特任、简任、荐任职务属高等文职，委任职务属于普通文职。特任的全国人数极少，通常谈话中提及的大都是下面三级的人。由于区别这三级的"字头"不同，所以常说某人是"竹字头"、"草字头"或"禾字头"的，以区别其身份的高低。股长当然是委任的，当年的政府机关较小，教育局下面就直接分科，不设处。教育局就在中南海的中海区，从现在中南海的北门出入。一次周末父亲加班，曾带我去办公室玩。当年的教育局局长并不是教育界的精英或专家，而是官僚军阀。记得父亲常常下班后在家中替局长写私人信函，用的信纸也是局长的专用信纸，那信纸上有水印"祺威将军"字样。祺威将军叫王坦，1924 年 3 月北洋政府封他为祺威将军，1924 年 6 月曾被任命为陆军次长。

父亲担任文书股股长初期，家中尚能维持温饱。不久，因通货膨胀，政府就以发实物来补贴。记得我家开始每月能领到 7 袋白面，每袋约 40 斤。后来，随着形势恶化，物价飞涨，不但不发粮食，连粮店中也买不到粮食了。到 1943 年左右，父亲在教育局的工作也因为局长和科长换人而丢掉了。天无绝人之路，父亲在王府井东安市场碰到了一位当年的清华学生。20 多年没有见，他居然还认识老师。此人当时在北京的河北银行工作，好像姓董，是行长一类的头头。见到父亲失业，就聘请父亲到该行工作，总算救了一命。父亲进入银行后，又把我堂兄（樊守信）带进去，做童役。在当时的银行中，童役是最低等的人员，就是童工。若做好了，有后台，从童役可以升到练习生；然后看你自己的本事和后台一级一级向上升。

父亲在银行工作不久，因为肺结核病重而不能上班了。那位行长看我父亲可怜，就给了一些钱，让父亲养病，意思就是辞退了。1944年春，父亲贫病交加，因肺结核病逝，享年仅 56 岁。父亲青壮年时期，身体强壮，骑马、游泳都不错。我想，若不是日寇侵略中国，若不是日寇占领北京，生活变得那么艰苦，父亲肯定不会那样早逝。

父亲逝世时，我刚上初二，年幼无知，丧事主要由我哥哥经办。这里要说说当时各省同乡在京办的“会馆”的作用了。因为我家是浙江人，所以和在北京的“浙江会馆”有较密切的联系。现今有些会馆是以盈利为目的的。当时的会馆完全是为同乡义务服务的公益组织。例如，当时浙江会馆下属有个“于公祠”。我家搬到萨拉齐县的一两年期间，北京家里的家具就寄存在于公祠。回北京后，租好房子，再从于公祠取回家具。寄存完全是免费的。还有一些浙江老乡寄居在于公祠中。

于公祠是于谦的祠堂[13]。于谦是浙江钱塘（今杭州）人，明朝永乐年间中了进士，为官清廉，勤政爱民。正统十四年蒙古瓦剌部首领也先大举入侵，宦官王振擅权用事，挟持明朝第六位皇帝英宗朱祁镇亲征，结果在土木堡全军覆没，皇帝朱祁镇也当了也先的俘虏。“土木之变”消息传到京师，上下一片惊慌，于谦挺身而出，反对议和迁都，拥立景帝朱祁钰登基，组织兵力，痛击兵临城下之敌，经过五天激战，终于保卫住了北京城。景泰八年景帝朱祁钰病重，原来的主和派石亨、张有贞等奸党阴谋策划，乘机发动“夺门之变”，拥立英宗复辟，逮捕于谦，以谋逆罪将其杀害于菜市口。于谦死后，他的亲友买回头颅，把灵柩运回故乡安葬。后奸党伏法，于谦冤案始得昭雪，追谥为忠肃。杭州的于公祠有两处；北京的于公祠有一处，位于东单西裱褙胡同，现在还是一座破旧的大杂院，院内只有一棵枝疏叶稀的老树还活着。历史上，于谦是北京保卫战的功臣，与岳飞、张煌言并称"西湖三杰"。

北京的浙江会馆还有一块墓地，供浙江同乡在北京去世后安葬或暂时停灵。这个墓地的地址在北京宣武门外下斜街。当年下斜街附近有一些墓地、农田和粪场，非常荒凉。现在那里已经是高楼大厦林立了。粪场是制造肥料的地方。那时北京的住房大多没有现代化的卫生设备，粪便由掏粪工人挨家挨户收集，用粪车送到粪场，在那里像做煤球那样，将粪尿搀和黄土后切成小块，晒成粪干，再装入麻袋卖给农户作为肥料。

在浙江会馆的墓地内有几排平房，每间房都很小，刚好放得下一口棺材。我的祖母在京逝世后，就停灵在那里，原来是准备以后有条件时再运回浙江安葬。记得小时候，每年清明节都要去那里为祖母扫墓。父亲去世后，已无财力把祖母的灵柩运回杭州，就把父亲的棺木和祖母的棺木同时在那里下葬了。书写和镌刻碑文的事都是由哥哥一手操办的。下葬时，抬棺材的工人说，我祖母的棺材非常重，而我父亲的棺材很轻。原来我就听说祖母的棺木是楠木，而我父亲去世时，正值抗日战争后期，家庭经济已经凋敝，无力买好的木棺了。

在京的浙江人在浙江会馆的墓地下葬和停灵，都是免费的。墓地有人照料看管，每年清明节去扫墓时，我们会给看坟人一些"小费"，表示感谢，此外，就没有其他费用了。墓地看坟人平时就耕种墓地里的空地维持生活。记得祖母的灵柩在那里停放多年后，棺木外面的漆层有些脱落，父亲发现后就请看坟人代为找工人重漆，无须自己亲自督办，说明当时的看坟人是很负责的。

每年清明扫墓是一件大事。从黄城根到下斜街，母亲要带我先坐人力车到附近的有轨电车站，再乘电车到宣武门内，走出城门再坐人力车到下斜街。家中那时还是遵循封建社会的老传统，重男轻女，所以像除夕和清明等节日有关祭祀祖先的活动，都是不要女儿参加的。除夕晚饭前在家中向祖宗行礼，也只有我参加，没有姐姐们的份。清明节扫墓，母亲也是带我一人去。前面提及，我家只行鞠躬礼，从不磕头。在新年时节，向长辈亲友拜年，也是行鞠躬礼。那时其他人家大都还是要磕头的。

到了 1954—1955 年，北京市要征用这块墓地搞建设。看坟人及时地来到我家，告知要限期迁坟，否则就按照无主坟墓统一处理掉了。当时，我已经大学毕业，在张家口部队院校教书，是供给制，根本没有钱。兄姐也都是低工资。所以只好听其自然了。到了 1990 年，大姐和二姐从台湾回来探亲时，由她们两人出资在北京购买土地安葬了我母亲。那时我们几个在大陆的子女都无力出资安葬母亲，说明当时大陆百姓的生活水平和台湾相比还是有非常大的差距。若是在今天就不必由大姐和二姐破费，我自己就有能力操办此事了。吸取了我祖母和父亲的墓地被征用的教训，这次我大姐提出选择母亲墓地时要远离城市，所以就安葬到北京远郊区的太子峪陵园。从 2010 年我去扫墓的照片可见，原来空旷的陵园 20 年后已经绿树成荫了。

母亲安葬后全家合影（1990 年 5 月 23 日）

（左起：外甥何平、四姐夫雷世航、三姐樊毓瑛、堂兄樊守信、二姐樊秀瑛、樊昌信、大姐樊慧英、哥哥樊广信、四姐樊美瑛、嫂子金慧琴、堂嫂王静、外甥雷奇）

当时的会馆还起到联系同乡的作用。记得在八年抗战期间，南北交通阻断。但是民间货物交流的小路还是有的。有一些小商贩，从浙江运来一些地方特产，例如梅干菜、笋干、香榧子、山核桃、火腿等，挑着货郎担，到北京的浙江籍人家，一家一家敲门送货，可以看货

2010 年母亲墓地已绿树成荫

后再决定买或者不买。这些货郎非常辛苦，担着很重的货担，送货到分散在北京的各个浙江籍人家中。我很难想象他们能赚到多少钱。另外，他们怎能找到我家，知道我家是浙江人？这估计是浙江会馆起了作用。

父亲逝世前后，也就是 1944 到 1945 年抗日胜利前阶段，是我家经济最困难的时期，也是北京老百姓最困难的时期。那时，若哪天能买到一斤玉米面，煮一锅粥供全家吃一顿，已经算是好的。在日本军队战败前一段时间，北京城里只能定量配给"混合面"，还要每家每天通宵排队去买。所谓混合面，就是用米糠、麸子、黑豆等磨的面粉。用它蒸出的窝头是黑色的。由于肚子里没有油水，吃进去，很难拉出来。有时能买到一些豆腐渣吃，就算不错了。记得有一周多全家断粮了，父亲不知从什么地方弄到一袋茄子。我们每天用水煮茄子当饭吃，还只能吃一顿。没有亲身经历过的人体会不到，没有油，没有粮，天天吃煮茄子吃一个星期是什么滋味。此后几十年，我一见到茄子就反胃。抗战后期，在北京市场上没有油、没有糖、没有肥皂、没有粮，更没有肉和蛋。北京城里的人没有地可种，不像在乡下，可以自己种一些粮食和蔬菜。那一阶段，城里经常断电，晚上无法学习。连吃的油都没有，更没有油来点灯。蜡烛更是稀有物资。记得家中院子里的墙根处有约一尺见方的土地，

我在那里种了两颗蓖麻，秋天成熟后曾用铁丝串了蓖麻子点燃作为照明用。当然这种灯是不能持久的。

我的大姐（樊慧瑛，后改名樊慧英）一生吃苦最少。她在清华大学的附属小学——志成学校毕业后，就在城内英国天主教会办的笃志女子中学住校读中学，每星期六下午清华有专车接他们回家，星期一早上再送回城里。在笃志毕业后考入中国大学生物系，读了一学期多。1933年随全家迁往绥远萨拉齐县。在萨拉齐自觉乏味，一个多月后一个人回北京重新考大学。因为回来较晚，其他大学和专业报名已经截止，只有北平大学女子文理学院的音乐和体育科可以报名，大姐就报考了体育科。毕业后被母校（笃志）聘请回校任体育教员，月薪60元。那时全家已经迁回北京，父亲失业，仅靠大姐一人的薪金不够维持一家人的生活。大姐经校长准许，又去私立春明女中和培根女中兼课。1937年"七七事变"后，英国人办的学校被迫停办，大姐转到北京市立第二女子中学任教。大姐于1939年结婚，直至1943年因希望在家照顾小孩，辞去在女二中任教了6年的工作，但是被同学邀请又去私立幕贞女中代课一年。1947年到台北一周后就被请去第一女中任教。因为当时台湾需要会说标准国语的人教国文课，所以不久校长请她改教国文课。1948年大姐迁居中坜后，就在中坜中学任教20年。2015年5月大姐去世，享年102岁。

我的二姐（樊秀瑛）就不那么幸运了。她随全家去绥远后，也很快回到北京，在王府大街（在原王府井大街北边，现在合并统称王府井大街）培元小学读书，寄住在父亲的好友，原清华庶务长李广诚的家中。他家在北京王府大街上的东厂胡同，离培元很近。她后来跳级到北京市灯市口大街的贝满女中就读。培元小学和贝满女中同是美国基督教公理会办的。中学毕业后，她于1940年考入燕京大学经济系读书。燕京大学是美国和英国4个教会（其中包括公理会）合办的私立学校，学费也很贵。1941年暑假后，当她读到二年级的时候，家中已经交不出学费，是母亲向朋友借了200银元交的学费。1941年

12月太平洋战争爆发后，燕京大学被日本人关闭。几个月后，得到通知燕京大学的学生可以转学到北京大学继续学习，但是这个北京大学是在老北大南迁后由日伪政府办的，后来国民党政府把它称为"伪北京大学"。于是我二姐转入此北京大学法学院经济系继续读书，直到1944年毕业。那时的北京大学法学院地址是在原中法大学的校址，在现在的东黄城根北街，离我家很近。因为此校是公立的，所以没有交学费的难题。毕业后，她经过同学的帮助，好不容易才在一个医院找到了个会计的工作。今天的大学经济系毕业生恐怕不会去做医院的会计吧。

顺便说明，当年北京的所有中学和部分小学（主要是私立小学）是男女分校的。上面提到的培元小学实际上是培元女子小学。在后面将要提到的我上的育英学校（含小学和中学）则是男校。育英中学和贝满女中都是基督教公理会所办，两校仅隔一道围墙。我记得那时北京市仅有5所市立男中，3所市立女中；由基督教和天主教教会办的男中和女中大约各有4所；另外还有很少几所私立学校。

我的哥哥（樊广信）就更不幸了，到了他在北京市立男二中读完高二时，家中吃饭都成了问题，于是，父亲只好决定让他退学，并用假高中毕业证书托人安排考入一家银行作为练习生。我的三姐（樊毓瑛）和四姐（樊美瑛）就更惨了。由于家中的经济困难，不可能供她们到高中毕业，为了使她们有一技之长，就报考一个职业中学的缝纫专业去读书了。她们两人毕业后都改行做会计和小学教员了。最惨的算是我的堂兄（樊守信）了。他小学毕业后，家中经济困难，父亲托人把他送到了北京香山慈幼院。2013年凤凰卫视专门有一期节目介绍当年的北京香山慈幼院，说它多么好，多么慈善。据堂兄说好像不是那么回事。堂兄有亲身经历，每天在那里的工厂当童工，劳动时间长，只能睡四五个小时，还经常受到打骂虐待和剥削。不久后，回家过年时，堂兄向父亲请求不要再送他回去了，他说哪怕送到别人家当佣人也不愿去香山慈幼院了。

这里顺便提及一位又和北大有关系的家族成员，她是本家侄女樊锦诗。樊锦诗的父亲樊际麟和我过继哥哥樊广信（过继前名樊际龙）是同父异母兄弟。樊锦诗 1938 年出生，1963 年毕业于北京大学历史系考古学专业。毕业后千里迢迢来到了戈壁大漠深处的敦煌莫高窟，一直在那里从事考古工作，1998 年 4 月起任敦煌研究院院长。她在敦煌

樊锦诗

坚持工作 40 余年，被誉为"敦煌女儿"；1985 年获全国优秀边陲儿女银质奖章；1991 年获"全国文化系统先进工作者"称号；2002 年被中共中央组织部、宣传部、人事部、科技部四部委授予"全国杰出专业技术人才"称号；2005 年被国务院授予"全国先进工作者"荣誉称号。她是 2009 年评选的"100 位新中国成立以来感动中国人物"之一。敦煌研究院雕塑家孙纪元还以她年轻时的面貌为原型，制作了一个雕像，取名《青春》，树立在敦煌研究院内。2015 年 3 月份，她正式卸下院长重担，担任敦煌研究院名誉院长。

以青年樊锦诗为原型的塑像《青春》

在敦煌的合影

（右起：樊锦诗、彭金章（锦诗丈夫）、樊昌信、陆心如、叶平（我的长甥女），摄于2008年5月24日）

九　育英学校

在抗日期间，我算是不幸家中的幸运儿了。1940 年在初小毕业后，为了离家近，我转到灯市口的私立育英小学上高小，并升入育英中学，在那里一直读到高中毕业。育英学校是美国基督教公理会办的私立学校，创建于 1864 年，学费出奇的贵，同学基本上都是富家子弟。按照当时我的家庭情况，根本读不起这种学校。幸好我的父亲当时在北京市教育局工作，认识育英的校长李如松（字鹤朝）。校长看我父亲的面子，免去了我的学杂费。记得在我初三的

李如松

班上，另外一位免交学杂费的同学叫刘连生。他的父亲是育英中学隔壁的基督教公理会教堂传达室的工友，校长每周日去教堂做礼拜，自然认识这位工友。从这一点看，当时的校长眼睛不止向上看，也向下看，既要不得罪上级，也要和下面搞好关系。除了我们两人外，其他同学很多都是来自交得起学杂费的军政要员、富商巨贾、地主豪绅及社会名流等有钱人家，例如：清朝湖广总督张之洞的孙子张厚玫，曾任国民党军第十七兵团司令官、民革副主席和黄埔同学会会长侯镜如的儿子侯伯宇、国民革命第六集团军第十二军军长孙殿英的儿子孙天义（当时叫孙天意）等。顺便说一下，一般人可能都因为东陵盗墓而知道孙殿英，却不知道孙殿英是明朝兵部尚书兼东阁大学士孙承宗的后代。

张之洞

張厚玫(照片正反面)

育英学校在北京市是办学非常成功的学校之一。在 1934 年北京全市中学毕业生会考时，育英夺得初中和高中两个"第一名"，而且教学质量长期保持一流直至解放后，所以在 60 年代柬埔寨西哈努克亲王的儿子诺罗敦·纳拉迪波和日本友好人士西园寺公一（曾任日本参议院议员、日中文化交流协会理事、亚太和平理事会副理事长）的长子西园寺一晃及次子西园寺彬弘都在此校入读。

当年育英学校有四处院区。第一院是初中部，第二院是小学部，第三院是运动场和部分学生宿舍，第四院是高中部。第一和第四院都在灯市口大街；第四院曾是明朝奸臣严嵩的府邸，是典型的四合院布局，并有后花园。第三院在骑河楼，我们每次上体育课和开运动会都在此院，是今天景山学校的校址。第二院在第一院后面的油房胡同（现已改名为灯市口北巷）。

育英学校不同于市立学校，除了学杂费昂贵外，还有一个特殊的入学要求，就是每个学生要提交一份保证书。保证书中要有两位有一定社会地位的人（例如政府官员）担保学生的品行，还要有一个商店作为"铺保"，为学生提供经济担保（例如损坏了学校财物担保赔偿）。第一个要求对于我家不大困难。第二个要求对于我家就略有麻烦，因为我家和商界没有来往。解决途径就是找了我家附近一个卖早点（炸油条等）的铺子作铺保。这需要我父亲买一包北京的点心，提去送给那个掌柜的，请他盖个铺子的"公章"。

在西安的育英同学 2008 年于我家聚会

（左二孙天义，左三侯伯宇，左四孙瑞林，左五郑贵彬）

育英学校是美国教会办的，因此重视英语教学。从小学五年级起就开设英语课，而当时的市立小学则不开设。然而，我的五年级英语老师的教学方法似乎有问题，至少在我看来是有问题的。尽管我在开学前的暑假中，自学了英文的 26 个字母，但是开学后的第一堂英语课，老师一上来就朗读英文课文，给我当头一棒。课文虽浅，但是没有教单词如何发音，我根本跟不上这个进度，并且使我对英语有畏惧感，一直影响到高一。育英小学的课程表还有一个不同于市立小学之处，就是每周六有一节课是由老师讲故事。这是非常受同学欢迎的课，上课的老师姓甄，他讲得非常生动。当年一般市立小学都没有图书馆。育英小学有图书馆，而且办得很好，有大量适合小学生的读物；并且是由同学自己参与管理的，培养了同学的工作能力。育英学校的成绩计分法也是特殊的，学生的成绩从 1 分到 5 分，共分五等。1 分最好，相当百分制的 95 分以上；2 分相当百分制的 80 至 95 分；3 分相当百分制的 70 至 80 分；4 分相当百分制的 60 至 70 分；5 分就不及格了。

　　1941 年 12 月 8 日，太平洋战争爆发。日本对英美宣战后，在北京的英美教会学校都被日军接管或关闭。教会外籍人士都被送入集中营或遣返。育英学校的小学部改为市立灯市口小学，育英学校的中学部改为市立第八中学。到 1945 年 8 月日本战败投降后，学校又恢复了育英的校名。因此在初三毕业合影上方写的还是"八中"。从初三毕业合影中可以看出，我个子是最矮的，因欠缺营养。

初三毕业合影

（前左四为本人，后右一为班主任张子成老师）

初三毕业合影背面的签名

1945 年初中毕业

"七七事变"后，日本军队占领北京，在北京建立了殖民统治。从此，北京每个学校都派驻有日本教官。日本教官就是学校的"太上皇"，校长也要听他的。从小学二年级开始，各校都要开设日文课。育英学校原本是美国教会办的，重视英文课的教学，但是日本人来了后，强行要求每天都安排一节日文课，而英文课每周才有一节。校长为了暗中加强英文教学，便使英文课的老师兼任劳作课的老师。劳作课是一门教些简单手工的次要课，校长希望以此增加学生学习英文的机会。校长的这种苦心安排，我是在抗日胜利后才听到校长说的，当时并没有领悟到。学校暗中抵制教日文的办法，可能还有一个，就是拉慢教学进度。我在北京沦陷八年期间，从初小二年级到初中毕业共学了 7 年日文。有好多年的日文课都是从日文字母 50 音图开始，即从日文的 50 个"字母"开始。因此，学了 7 年还是停留在入门阶段，等于不会。当然，有少数同学对于学日文有兴趣，到初三毕业时，已经初具听说读写能力了。我则只停留在熟知日文"字母"阶段，可以把这 50 个字母倒背如流，至于单词和文法则学得有限。现在想起来，有些后悔。当年若能好好学习，现在就能多掌握一门外语！

日本军队占领北京期间，还不时发布一些强制的命令，例如男生一律不许留头发，都要推光头；还有一段时间要求每人都必须打绑腿和在左胸前缝上一块写有姓名和学校名字的布胸章。初三时学校规定有"公民课"；这样的课程自然是为奴化国民、巩固日本统治思想服务的。此任课老师（姓名忘了，只记得他的外号叫"大皮包"，因为他每次来上课都提着一个大皮包。当时，提着皮包上课的老师，仅此一人。）上课时从来不讲课文，到教室后一言不发，就开始写黑板，然后念一遍所写的诗词，直到下课。在黑板上书写的内容全部是中国古代著名文学作品的内容，例如王实甫《西厢记》里的名句："碧云天，黄花地，西风紧。北雁南飞。晓来谁染霜林醉？总是离人泪。"李清照的词《武陵春》："风住尘香花已尽，日晚倦梳头。物是人非事事休，欲语泪先流。闻说双溪春尚好，也拟泛轻舟。只恐双溪舴艋舟。载不动、许多愁。"李后主的词《相见欢》："无言独上西楼，月如钩，寂寞梧桐，深院锁清秋。剪不断，理还乱，是离愁，别是一般滋味在心头。"他在黑板上写的诗词大都是反映时局、带有亡国之恨的悲凉情怀的作品。但也有一些言情的，如周邦彦的词《少年游》："并刀如水，吴盐胜雪，纤手破新橙。锦幄初温，兽烟不断，相对坐调笙。低声问向谁行宿，城上已三更。马滑霜浓，不如休去，直是少人行。"上课时，有的同学在下面窃窃私语，教室较乱，老师并不干涉，只管自己在黑板上写，我则常常老实地在抄写黑板上的诗词。所以在"公民课"上我学到了不少中国古代的优美诗词。写了一个学期的诗词，如何交差？等到最后一节课，老师就在黑板上写了十二三道考题和标准答案，这些题都是"公民课"课本上的内容。期终考试就从这些题中选考四五题，学生背下这些答案就能通过考试。这样就巧妙地应付了日本人的检查。

1952 年后，育英学校由政府接管，改为公办。育英学校的初中部校址即现在的北京市第 25 中学；育英学校的小学部即今日的灯市口小学。育英学校的高中部校址现已变成一片宿舍高楼了，原严嵩府邸已荡然无存。

图中校门是在原育英初中部校门原址重建的

十　育英的教学和老师

育英是基督教公理会办的，隔壁就是教堂，但是学校的教学计划中绝对没有宗教色彩，在校内没有宗教活动，教学更没有宗教内容。学校借用隔壁的公理会教堂开大会倒是常有的事，但是会议内容是和宗教无关的，主要是每周一上午在那里开全校的周会，听校长训话。记得学校组织的带有基督教色彩的课外活动就是每年的圣诞节晚会，这个活动也是自愿参加的。另外，记得在高中时我们有一位英语老师是个牧师，姓庞。他在一次课后说自己周六下午办有英文查经班，可以自愿报名参加。我为了补习英语，就报名了。查经班在隔壁的教堂上课。这是我知道的唯一带有基督教色彩的课外活动。每次开始上课时，要先唱圣诗，然后讲英文圣经。后来发现，所用英文圣经是用古代英文写的，其单词和现代英语有很大区别。所以学下来对提高英文水平作用不大。在育英学习八年，我始终没有信基督教，只把基督教当作是一门社会知识去接触，所以对基督教教义和其各种活动也很有兴趣去了解。

育英中学的教学计划和当时公立中学的区别之一是每年都有选修课。记得我初一时选的是"簿记"课，觉得这门课很实用；三年级时选的是"围棋"。围棋课上课时，每两个学生一盘棋对下，老师并不做多少讲解，老师常和下得好的学生对下。聂卫平也是育英的校友（虽然可能他在育英上学时，校名改了），我猜他可能在校时选过围棋课！

记得高一时我的选修课是"摄影"。当年照相机和胶卷等摄影器材都很贵，一般学生都买不起。但是选"摄影"课的同学很多，因为大家都知道，此选修课并不是真学摄影。第一节课时老师上来就宣布：

"你们谁真要学摄影，拿来照相机，我教你！"班上没有一个同学有照相机。实际上，大家是来听老师讲故事的。这个老师的姓名我忘记了，但是他讲了不少社会上三教九流的事，使我们这些还没有步入社会的青年人增长了许多社会知识，并且他讲得生动，大家都很喜欢听。例如，他给我们讲旧社会的青帮、红帮和"在理教"（又称理教、理门）等的内部"帮规"，使我们大开眼界，初窥到社会的复杂。

　　育英中学教学计划的另一个特点是针对即将高考，在高三时开设了一门针对高考的"温习数学"。这门课的内容是复习高中几何、代数、三角等。任课老师是杨仲兰，他讲得非常好。我觉得这门课对我非常有益。高一时上的"几何"课，那位老师采用了英文原文教科书，这对我们是第一次，也是唯一一门采用英文教材的课。加上该任课老师的教学方法我认为并不很好，所以学的一塌糊涂。幸亏有了杨老师教的这门温习数学，使我把原来没有学好的部分补上了。高三的解析几何也是杨仲兰老师教的。这门课在毕业前一年上，所以不需要复习。杨仲兰老师在解放后被评为北京市特级教师，并曾被选为全国政协委员、全国人大代表。1967 年因病逝世。

杨仲兰

　　育英教学计划的第三个特点是加强了英语课的内容和时数，不知道这是不是因为在北京八年沦陷时期，英文课时被占。抗日战争胜利后，我正好上高一。在高中阶段，我们有三门英文课，即英文阅读、英文会话和英文文法。英文阅读每天一节课，英文会话和英文文法每周一节课。英文会话是聘请美国人教课的。高一时的教员是一位美军复员军人。他不太懂教学方法，也不会说中国话。恰好班中有一位国军复员军人插班生，略通几句英语，就偶尔帮他做翻译。高二时的教员是刚从美国来的二十多岁的金发妙龄女郎，名叫 Fern Larson。由于她完全不懂中国话，和学生交流较差，效果一般。高三时的教员是一位外国老太太，萧祁安娜女士，她来中国多年，嫁给了中国人（著名作家萧乾的哥哥），中文讲得不错。因此，教学效果很好。她个子矮，上课时自带一个小板凳，站在板凳上讲。可能她原籍是英国，说话像是很标准的英国音。教英文文法课的是郑五章老师，讲得也很好，不过有些内容当时并不十分理解，好在这门课不考试，有些不懂也没有关系。记得他在课堂上常重复的口头语是强调作文的 4 个要求，"emphasis, euphony, coherence, unity"（重点、声音和谐、一致性、统一性）。由于经常反复听到他说的像顺口溜的这 4 个词，所以至今不忘。

育英的师资和教学水平在当时是一流的，我在那里打下了坚实的学业基础，并终身受益。教物理课的陈本知（字德云）老师是我印象最深刻、最敬仰的老师之一。他教我们初三和高三的物理课。他的腿不太好，走路有些不方便。有几天他的腿病较重，走路更为困难。为了减少写黑板时左右移动脚步的次数，他把许多行的板书，分左右两半写，先写左半几行，再移动脚步向右，写右半几行。最后每行的左半和右半内容衔接起来，一字不差，一气呵成，令人叹为观止。由此可以看出陈老师备课的仔细程度。他讲授光学凸透镜成像原理时，编出类似口诀的语句"一条光线，与轴平行，折射之后，经过焦点；一条光线，经过焦点，折射之后，与轴平行"，使学生很容易记忆。一次在讲到水的几种状态时，他很生动地说："在《千字文》中写有'云腾致雨，露结为霜'，不对！应该是'露结为冰'。"从而引出霜是如何形成的正确概念。这样以批判古书中不科学的说法引入正确的物理概念，使人印象深刻，终生难忘。

高一教英文的于炳照（字临之）老师英文功力深厚，在抗战胜利后曾在北平军调处执行部任翻译，全国解放后朝鲜战争时期曾到朝鲜板门店任我方谈判翻译。他的教学方法非常好，对学生极为认真负责。我的英文基础原本不好，被于老师发现后，他几乎每节课都要点名叫我站起来朗读上一堂课讲过的课文。这样就使我不得不加强课后复习以应付下堂课的朗读。这时正值刚抗日胜利，学校取消了日文课，我就集中精力学习英文。在于老师的督促下，我的英文取得了较大进步，这要感谢于老师。育英学校对英文教学的加强，我当时并没有感觉到效果。等到我进入北大一年以后，一位从北京市立中学毕业的很要好的同学对我说，刚入学后和我接触，发现我说话中常夹杂着不少英文单词，感觉育英毕业的就是不一样；而我竟浑然不知。的确，在育英时，不少日常用语往往直接使用英语。例如，在听音乐会时，听众常呼的"再来一个！"是喊"encore"，"敲门"是说"knock door"，打篮球时的"出界"是喊"out-side"。

高一的国文老师是博良勋（字逼晨），头发花白，略有驼背，是我们老师中年纪较长者。博老师是蒙古族，原姓博尔济古特，是成吉思汗后裔，曾任教于日本东京帝国大学文学院中国哲学文学系，并曾经当过日本昭和天皇弟弟三笠宫崇仁的家庭老师，古文造诣颇深，精通文字学、训诂学和音韵学。他在课堂上讲课，慢条斯理，引人入胜。我很喜欢听他讲课。他讲的唐代诗人柳宗元的五言绝句"千山鸟飞绝，万径人踪灭。孤舟蓑笠翁，独钓寒江雪"至今未忘；还有诗经中的"关关雎鸠，在河之洲。窈窕淑女，君子好逑。"一次他讲解古文字，说"且"在古文中的意思是男性生殖器，"也"是女性生殖器。我觉得很有意思，因此印象深刻。

高二的化学课老师仓孝龢（后改名仓孝和）是一位年轻人，1941—1945 年就读于重庆中央大学化学系。记得 1946 年秋他开始来上课时，因为初当老师，黑板字似乎写得不很好。但是一学期后，板书就非常流利了。不过他讲课深入浅出，引人入胜，似乎很有经验。我很喜欢听他讲课。他讲的气体压力、体积和温度关系的公式 $PV = nRT$，由于反复举例引用，使我至今记忆犹新。当年我个子矮，

仓孝龢

坐在教室中第一排。前面墙上挂有一幅化学元素周期表，我能看得很清楚。每当坐在那里等上课时，就老看着它记每个元素的原子量。时间久了，主要元素的原子量我都能背得出。

很久以后才得知，仓孝龢老师原是中共地下党某支部的副书记，并在关键时刻和支部书记李炳泉两人研究决定向上级党组织提出建议并组织了由李炳泉去面见傅作义，商谈和平解放北平问题，对北平的和平解放做出过重要贡献。解放后曾任育英中学校长和北京师范学院(即今首都师范大学)院长，于1984年病逝。

1947年夏，高二暑假，为了准备来年暑假的高考，想提前获得点儿经验，明知不会被录取，还是以同等学力斗胆报考了清华大学电机系。当然没有被录取，但这并不使我沮丧，而是让我知道了自己在高考中的"分量"，从而提醒自己绝不能掉以轻心，要非常努力地利用最后一年时间准备正式的高考。

十一 我的"不治之症"

在日寇占领北京期间，家中的经济条件日趋恶化，有时一天两餐也吃不上，由于营养不良和环境原因，我从小学五年级开始，就染上了肺结核病，直到高三毕业方才痊愈。因此，我在中学期间的体育课全是免修的。在上世纪三四十年代，肺结核病没有特效药治疗，可以说是不治之症。我的姑父冯祖荀和父亲都死于肺结核。我的肺结核病是在学校每年的体检中发现的，自己并没有感觉。开始时是侵润性的，侵润性肺结核属于继发型肺结核的一种，是过去潜伏的、尚未愈合的原发病灶及早期血型播散病灶的重行活动引起的，只有少数人是因为与开放性病人长期接触而感染发病。我大概就是属于后者的"少数人"，因为那时我父亲患有肺结核，而我曾和他住在同一寝室。到我上初三时，我的肺结核病已经发展到肺部出现空洞，医生就要我进行"气胸"治疗。

自从发明了治疗肺结核病的特效药后，"气胸"疗法已经不用了。现在"气胸"反而变成了一种病的名称。当时的"气胸"疗法是用很粗的针头，像给篮球打气的针，把空气打入胸膜和肺之间，压缩肺部，使空洞缩小并减小其活动。用这样粗的针打气，痛苦可想而知。由于打入的空气会慢慢散失，所以每星期要打一次气。在每次打气前后，还要做 X 光透视，观察打气前剩多少气，再决定需要补充多少气；打气后再透视，看增加了多少气。开始时，只是左肺需要打气；后来右肺也出现空洞，左右两肺都需要打气。这就是说，每周要左右各打一针。从初三打到高三，共 4 年。算起来，共照了大约 400 次 X 光透视，可能比普通人十辈子照的都多。那时得了肺结核病，好像现在得了癌症，基本上都是不治之症，但是在思想上比现在的癌症病人更为痛苦。因为，大家都知道癌症是不传染的，而肺结核病是可能传染的。我的肺结核病当时还不会传染，不然校医不会让我继续上学。但是，若让同学们知道我患有肺结核病，谁还敢和我接触？所以我只能对同学保密。我当时在心中暗暗预期自己的寿命是活到20岁，没有想到能活到今天。

没有料到的是，在我高三毕业前夕，一次打完气医生告诉我，不用再来打气了，我的结核病好了。为什么打了4年，前3年不但没有见效，病情还有发展，第4年就好了呢，我自己分析可能是因为听说大蒜能消灭结核菌，第4年开始我每天中午吃饭时都要吃一头生大蒜。高中毕业后去北大报到时要体检。北大指定的体检医院不是我中学校方指定的医院，X光透视的结果是"肺部正常"，居然没有发现我得过肺结核病。在中学时，因为我有肺结核病，体育课是免修的。有时课外时间我在操场踢球玩，校卫生部主任沈长慧护士（那时候这类护士都是在协和医学院护士专业学习八年毕业的。）见到后都要阻止我。回想起来，真要感谢和佩服沈护士对病人负责的精神，现在沈护士又在何方？自从医院认为我肺部正常后，我在北大就每天打篮球，一直打到35岁左右。我的肺结核病至今一直没有复发，而且每年体检的X光透视结果都是肺部正常。我曾经怀疑过，我的结核病是否是误诊，因为从来没有自觉症状。直到几年前，我到医院做了一次肺部CT，从CT片子上医生发现肺部有陈年的钙化点。我这才确定不是误诊，而可能是钙化点很小，普通X光片看不出来。

十二　我的两个台湾姐夫

　　我大姐于 1939 年结婚，她是自由恋爱结婚的。大姐夫叫叶寒青，是家在台湾的广东客家人，据说他家移民到台湾是第五代了，但是他们结婚时我们只知道他是广东人。原来他是大约在上中学的时候从台湾偷渡到大陆上学的。那时候台湾是日本的殖民地，若偷渡时被日本人抓到是要被杀头的。他后来在北京上大学，毕业后和我大姐结婚时，北京已经被日本占领了。由于他从小在日本统治下的台湾长大，能说一口纯正的日语，所以我父亲通过前面提到过的亲戚吴甘侯（时任北京市政府秘书长）介绍他到北京市政府任专员。他的专员工作主要是日文翻译。大姐结婚后和我们都住在皇城根 14 号，他们住在后院的三间南房。在这里我们共同住了约八年时间。我记得一次有人敲大门，我四姐去开门，见到门外是几个日本兵，四姐吓得就往里跑，日本兵就追进来。幸好大姐夫在家，马上出来用纯正的日语和日本兵对话。日本兵开始以为大姐夫是日本人，后来很客气地退出了。

　　二姐夫叫徐言，原是大姐夫的同乡和密友，因常到我家玩，所以后来二姐嫁给了他。在抗日战争胜利后，台湾已经回归中国，大姐夫和二姐夫想回台湾看望父母和其他亲人，于是在 1947 年春季就全家离开北京，到天津等船回台湾去。不过他们行前告诉我家是回广东探亲，那时我家人一直以为他们家在广东。直到他们到台湾后才来信告诉我们实情。他们走时，我们全家送他们到北京火车站月台上，大姐已经有了 3 个小孩，最小的女儿只有 7 个月大；二姐结婚不久还没有小孩。原本说是回老家探亲一年左右，没有想到这样一别就是三十年！

　　这两位姐夫都是家在台湾的广东人。他们两人在我家中，有时怕我们听懂，除了讲普通话外，常用广东话或日语对话。我们推测他们是有一些秘密活动的，但是也不便多问。在日本人占领北京期间，老百姓是不允许听短波广播和拥有短波收音机的。大姐夫不知从哪里弄来一部带短波段的收音机，夜间偷听。1945 年抗日战争胜利后不久，大姐夫就每周两次去找人学俄文，并在自行车的前梁上漆上一个俄文字母"Ж"（它是大姐夫的姓"叶"的俄文拼音的字头）。他们回去探亲时说计划一年左右再回来，所以基本没有带走任何家具和其他东西。后来我们在其存留的书籍中发现一些日文的马克思主义书籍和艾思奇著的《大众哲学》等当年流行的进步书籍。从这些迹象看，这两位姐夫在公开为日本占领期间的伪政府工作的同时可能也在为抗日组织做地下工作。后来据我外甥讲，二姐夫在台湾辞世时，大姐夫致悼词中确实提到了二姐夫在抗战时期做过地下抗日工作。

大姐夫在台湾中坜的祖居（摄于 2014 年）

　　我家租住在黄城根 14 号时，有里外两个院子，共约十二三间房，是和大姐大姐夫合住一起的。大姐家去台湾后，加上父亲已经去世，房子就空了不少，故希望搬到小些的房子，以节省开支。几个月后，我们家就搬到西四北小绒线胡同 2 号。我家在黄城根租的房子是所谓的"独门独院"，搬到小绒线胡同的房子则是"大杂院"了，即有许多人家合住在同一个大门里。这个大门里有三层院落，我们住在最前面院子里的南屋，房东住北屋和东西屋。搬家后，我上学就远了很多，每天从西城骑车到东城，中午还要回家吃午饭。每天往返骑车四次，倒让身体得到了锻炼。一年多后，我就到北大住校上学了。临行前，我的四姐给我做了一条新棉被，我非常高兴，就带着它第一次离家住到学校的宿舍里。在当年的家庭物质条件下，这对我来说是一件很珍贵的礼物。这条棉被的被面我保留至今，它是我非常珍惜的一件纪念品。对今天的绝大多数年轻人来说，这是算不上什么值得稀罕的东西的。

十三　上大学

高中毕业的 1948 年暑假，我一直忙于高考。那时的高考，除了清华、北大和南开联合招生、同日考试外，其他高校都是分别招生的。为了争取所有录取的可能，凡是考试日期不重叠的，我都报名参考。清华和北大同日考试，我只能在二者中择一报名。衡量再三，我报考了北大。除了怕和本校的高材生竞争考清华外，还有一个较重要的原因：高三时，和我同桌的、也是最要好的、从小学五年级就开始同级的老同学金国梁，要求我和他一起考北大。他要考北大的原因是，他的父亲金涛是北大工学院土木系教授，他的哥哥（金国藩）也在北大工学院机械系读书。他

想报考北大土木系，子承父业。我则因为性格内向，不善交际和言谈，胆子很小，想着若和他一起上北大，遇事也能有个熟人商量和帮忙。况且他的父亲和哥哥都在北大，熟悉北大情况，有事容易打听和得到帮助。

与金国藩合影

结果在我报考的八所大学中有六所都录取了我，包括北京大学工学院电机系、北京师范大学物理系、北京辅仁大学化学系、燕京大学工预和外地的两所大学。在育英中学我的学习成绩属于中上等，能考上六所大学表明育英的教学质量之优异。1948 年正值内战吃紧、民不聊生、青年大量失业，上大学有可能得到学校资助食宿，故没有

出路的年轻人投考大学的极多。1948 年报考北大的约有四万人，只录取约四百人，录取率为 1%。

高校录取发榜的日期各不相同。最早发榜的是北京师范大学，我被物理系录取。当年的北京师范大学外号叫"吃饭"大学，因为学生吃饭不要交钱。这正合我意。因为我父亲早逝，兄姐已经照顾供养我多年，他们经济也不宽裕，何况他们自己也没能够上大学，让他们继续供我上大学，我有些于心不安。我很想在经济上尽早独立。北京师范大学住宿和吃饭都不要钱，对我是非常有吸引力的。我马上前往报到。不久，其他高校陆续发榜。其中北大电机系是我最向往的，当然不想放弃。于是我就暗想师大和北大两校都去报到，在师大吃饭，主要在北大上课，但是没有把握能否行得通。在北大报到后，和金国梁商量我的吃饭问题，他真帮上了忙。他告诉我有两个办法，一个是申请奖学金，把申请信送给北大训导长、著名哲学家贺麟。他还教我如何写申请信，在申请信最后写"呈 训导长贺"。这是我第一次听说把姓写在官衔后面的，觉得很新鲜。我想他一定是问了他父亲或哥哥才知道这些的。我就按照他的指导，写好申请信，并送到贺麟的办公室。当时贺麟不在办公室，我就把信放在他的办公桌上。金国梁教给我的第二个办法是申请"匪区救济金"。因为当时国共正在打内战，许多北大学生的家在解放区，经济来源断绝，所

贺麟

以学校发放这种救济金。"匪区"就是国民党政府对解放区的称呼。我的籍贯填写的是"浙江省杭县"，当时南北交通断绝，所以正好可以用这个名义申请救济金。很快奖学金的申请批准了，我的吃饭问题解决了。我不用申请"匪区救济金"，也不用去师大混饭吃了。从此就安心在北大读电机系了。

在北大报到后，我的学号是 5237×××，它陪伴我走完了 4 年大

学历程，并被我终生牢牢记在心中。无论大考、小考，每次的考卷上都要写上这个学号。北大学号的前 4 位是有特殊含义的。学号第一位"5"代表工学院，当年北大共有文、法、理、医、工、农共 6 个学院，工学院排名第 5。学号第 2 位"2"代表电机系，当年工学院共有机械、电机、土木、建筑、化工共 5 个系，电机系排名第 2。学号第 3、4 位"37"代表入学年份是民国 37 年，即公元 1948 年。学号最后 3 位则代表个人的序号了。

我到北大报到后，住在北大三院。北大三院位于北河沿，就是我家原来住的黄城根对面，但是那时候我家已经搬到西城了。那年入学的工、农、医学院新生，都住在北大三院由大礼堂改造的寝室。大礼堂被分成了 4 个大房间，每间放 18 张双层床，可住 36 人，所以大礼堂中一共住了 144 位新生。其他老生都住在其他楼里 2 至 4 人的小房间。不过到第二学期，我就搬到小房间去了。入学后在学校食堂吃饭。可能是因为 1947 年"反饥饿、反内战"运动的效应，这时国民党政府给大学生的伙食已经改善得非常好了。八人一桌，每餐都是四菜一汤，两荤两素，有大米饭和白面馒头。

但是好景不长，到了 1948 年 11 月左右，解放战争的津京战役快打到北京了。在北大红楼后面的民主广场上，写着各种观点的大字报都有，其中有主张迁校到台湾的，有主张不迁的。北京城被解放军包围后，肉、菜和粮油等运不进城，城内又断电了。幸亏学校早有准备，储藏了大量的玉米豆，但是因为供电中断，玉米不能磨成玉米面，食堂只能煮玉米豆和盐给大家吃。这时学校已经停课，校长胡适也已飞去台湾，许多同学都各奔东西，离校出走。只有少数像我这样没有吃饭去处的同学继续住在学校混饭吃。由于肚子里长时间没有油水，和我要好的同学之一就打起了狗的主意，想吃狗肉。沙滩校园内有不少流浪狗，它们以同学们掉落在食堂地上的残渣剩饭为食。一天，这位同学拿一条麻袋抓住了一只狗，将狗放在水缸里闷死后，带回宿舍的盥洗室扒皮割肉，然后在地上用一个洗脸盆架在火上烧熟。我胆子小，没敢参与这些过程。不过，两个月不知肉味，肚子里的馋虫作怪，在狗肉烧熟后我第一次尝到了狗肉的滋味，的确不错。在这两三个月期间，没有课好上，我在宿舍中和同学学会了打桥牌。另外，还有地下党的同学来教我们唱解放区的歌曲。因为学校停课，所以寒假前的期终考试也就泡汤了。

在解放军围城期间，解放军为了准备武力解放北京，时常向城内试射炮弹。据说在景山公园内有国民党的高射炮阵地，那里就成为解放军试炮的目标之一。景山离北大沙滩校区很近，所以难免有炮弹落在北大。一次一发炮弹刚好打在北大三院的一间宿舍。大家都跑去看，我也去了。那发炮弹刚好打在一张床的床头，将墙打穿。幸好是在白天，床上没有人。住在北大三院的同学有一些是到沙滩红楼的食堂吃饭的。虽然停课了，但是他们每日三餐都要从三院走到红楼去吃。在这段路上，也偶尔有炮弹落下。当他们听到炮弹声，就会吓得马上趴下。我就在三院吃饭，所以不必走远路，但是在三院内广场上也偶尔会听到天上炮弹飞过的尖啸声。听多了，也能分辨出炮弹会不会落在自己身边。

刚从中学进入大学，搬到北大三院住校后，还有一些微妙的变化。上大学前，当时社会上对我们这些中小学生的一般称呼是"学生"，例如，进入小商店购物时店员会问："学生，你买什么？"上北大后，我第一次去三院的存车处寄存我的自行车时，存车处的工友称呼我为"樊先生"，使我大吃一惊。首先，我从"学生"变成了"先生"。另外，他怎么知道我姓樊？至今我都不知道他从何处得知。把学生称为先生，那么对老师又该如何称呼？很久以后才知道，原来北大在清朝初创时期叫京都大学堂。那时京都大学堂的学生都是举人、贡生等有"地位"的人或"官员"（有些像今天的中共中央党校的学员），他们到此上学是为了进一步升官，所以当时的工友称他们为"老爷"；到民国后才把"老爷"改成"先生"了。那么，在把学生称为"老爷"的年代，把"教授"叫什么呢？前些年才从马大猷老师处得知，那时工友把"教授"称为"大人"。

在北京解放前夕，国民党统治区经济濒临崩溃，民不聊生，大量群众失业。那时我遇到一个北大学生，他从北大物理系本科毕业后，又考入北大哲学系本科学习。我很奇怪，问他，他说因为找不到工作，继续上大学可以解决住宿和吃饭问题。我在考入北大一年后，在路上遇见一位北大电机系刚毕业不久的学长，他说在北京电信局工作，正骑自行车一路去检查电话线路。我当时很羡慕他，觉得若我毕业后也像他一样有这样一份稳定的工作就很满意了。

1952 年暑假院系调整前的北大有文、法、理、工、医、农等六个学院，包括学生宿舍和教职工宿舍在内共约有 44 处校舍，分散在城内外各地。只有文学院、理学院和法学院校舍集中在以红楼为标帜的沙滩地区，即北大的发祥地。工学院在西城端王府夹道，医学院在府右街，农学院在西郊罗道庄，但是，工学院、医学院和农学院的一年级新生都在沙滩上共同的基础课，到二年级才分散去各自的学院上课。我们大一的物理、化学和数学（微积分）是理学院教授教的；而英文、国文是文学院教授教的。上不同的课要去不同的教室，所以有时在课间要跑很远的路。

刚开始大学的学习时，是非常不适应的。因为除了大一国文外，其他课程都是用英文教材、英文板书、英文笔记、英文习题和英文考试的。老师讲课也是中英文混合，所有的专业名词、术语全部用英文讲，没有对应的中文翻译。所以说，几年下来，在学习中基本上没有写过中国字。各门课程的教科书基本上都采用英美名校（像麻省理工学院、斯坦福大学、哈佛大学等）的英文教科书。例如，大一"普通化学"用的教科书就是美国加州理工学院鲍林（L. Pauling）教授著的《General Chemistry》，他是唯一一位先后两次单独获得诺贝尔奖的科学家。现在看来，这样做的好处是和国际接轨。上世纪 90 年代我去美国科罗拉多大学（UCB）史密斯教授（Ernest K. Smith）家做客时，发现他家书架上摆放的他在美国上大学时用的教科书基本和我在北大时用的一样。我们是同时代的人，所用的教科书基本相同。直到抗美援朝战争发生后，英文因为是"敌国"所用，而逐渐退出课堂，教师开始发给一些中文的讲义，习题和考题也逐渐变成了中文的。

电工系理期考试题　　　（100分钟）

1. Derive the dimensional formulae of following electric quantities
   (a). Electric charge,　(b. electric intensity,　(c) electric potential,
   (d) Capacitance　and (e) electric current.　　　　　　20%

2. Prove the law of refraction of lines of force at the interface between
   two dielectriks k_1 and k_2.　　　　20%

3. (a) If α_0 and α_{20} be the temperature coefficients of a certain material with $0°c$ and $20°c$ as reference temperatures respectively, find the relation between them.　　　12%

   (b) Why a line of force cannot begin and end on the same conductor.　　　8%

4. If a conducting sphere of radius a is concentrically surrounded by a second spherical conducting shell of radius b, find S_{11}, S_{12}, S_{21}, S_{22} and C_{11}, C_{12}, C_{21}, C_{22}.　　　20%

5. (a) Why the Gauss' law and Laplace's equation are alternative forms of Coulomb's electrostatic law of force, but the law of circuitation ($\oint \vec{E} \cdot d\vec{e} = 0$) not?　　　10%

   (b) If there are B branches and J junctions in a network, show that it has $M = B - J + 1$ meshes.　　　10%

6. A 250-volt, 0.5-ohm dc. generator supplies five 100-watt electric lamps at a distance of 0.3 mile. If the voltage across the lamp is to be maintained at 220 volts, find the approximate AWG number of the copper transmission wire.　　　20%

注意：任意选做五题

大二电工原理期末考题

大一时遇到的这种语言上的困难，一年以后就基本克服了，上二年级时听课就轻松了许多。不过，一年级遇到的困难不仅是英文关，还有数理化等基础课的困难和从中学到大学的不适应。因此，第一年的难关不是每个同学都能跨越的。当年学生自己发现第一年学习跟不上时，不少人都会采取主动申请休学的对策，即申请休学一年，复习功课，再复学，以免被开除。所以，和我同班的同学中有不少人是复学生，他们年龄比我要大不少。

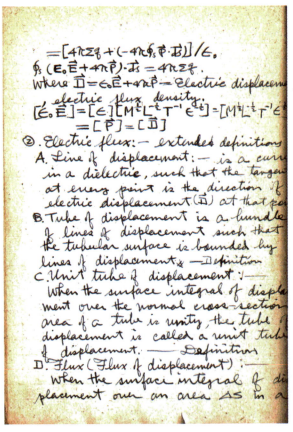

大二"电工原理"的英文笔记

进入大学读书后，我的环境还有一个大的变化，就是住校。在读中小学时，一直是走读，放学就回家，一心读书，应付考试，只想早日大学毕业能谋生挣钱。在我肺结核病日益发展期间，校医曾建议我休学一年，我也不曾采纳。那时我想若自己不能上大学，身体又有病，无法胜任重体力劳动，将来就完全没有出路。进入北大后，这方面的顾虑没有了，加上住校可以接触更多的同学和参加各种校内活动，所以从此不再只闭门读书了。在北大上一年级期间，我曾和几个同学在宿舍搞业余无线电活动，一次不小心造成电线短路，险些发生火灾，活动就中止了。另外，我还跟随高年级同学参加放映电影的活动，即到北京的美国新闻处去借一些科教电影片和小型放映机来，在周末借用理学院的大阶梯教室免费给同学放映电影。为此，我们要借三轮车到北池子美国新闻处去拉放映机和影片，还需要自己刻钢板印门票，免费发放给同学。开始两次是高年级同学带我去的，后来我自己一人去还机器，新闻处的接待人就质问我是何人，把我吓得要死，不知犯了什么法，但是他没有再说什么，就拿出一个登记册要我登记姓名，以后我就算是"合法的用户了"。这个放映电影的活动是以"中国电机工程师学会"的名义进行的。在高年级同学毕业后，这个"中国电机工程师学会"的公章就由我掌握，但是我始终不清楚此学会的来龙去脉，以及它的组织结构。

再有一个活动就是帮助高年级同学管理扩音器。那时北大工学院有一台美国军用的 250 瓦扩音器，因为它的音箱上有九个喇叭，俗称"九头鸟"。它是北京市唯一一台功率最大的扩音器，在 1949 年"十一"开国大典上也曾被借去在天安门广场上广播。当时北大校内的大会都在沙滩的民主广场上召开，常请一些知名人士来做报告，这时就要借用工学院的这个"九头鸟"了。我常在主席台后面参与对这个"九头鸟"的搬运、安装和管理工作。

在 1948 年下半年，大规模的"反饥饿、反内战"运动高潮已经过去，但是较小规模的反抗国民党统治的游行还时有发生。记得一次我参加在民主广场上的游行，并到校长胡适的办公室请愿，大家聚集在他办公室的四合院中，后来胡适从他的办公室中出来站在台阶上向同学讲话。到了 11 月份左右，北京临近解放前夕，学校动荡不定，在民主广场的民主墙上各种大字报都有，有主张向台湾迁校的，有主张不迁的。不久胡适走了，学校中也没有这方面的议论了。

在北大读了一年后的暑假（1949年），我又产生了报考清华的想法。因为当时北大电机系是五年制，而清华电机系是四年制。若转去清华电机系从一年级学起，并不拖延我毕业时间，又可以复习和巩固大学一年级的课程。其次，我母亲有清华情结。她非常怀念年轻时在清华园的生活，从我小时候起就经常对我说长大了要考清华大学。我想若考入清华还可以圆母亲的清华梦。并且当时我已没有后顾之忧了，反正已经在北大上学，再去考清华若考不上也没有关系。于是，继1947年考清华之后，我再次报考清华电机系。这次，在北大读了一年之后，自然比1947年高二的水平高多了，果然被清华电机系录取。但是，最终却没有去报到。原因之一是我和同寝室的几个同学相处不错，他们不希望我离开，因而极力挽留。另外，更重要的原因是我得知北大电机系在暑假后改为四年制了。若我转到清华，从一年级读起，将推迟一年毕业。我极力想尽早在经济上独立，脱离依靠兄姐的状态。所以，尽管我有清华情结，但是绝对不能考虑转学到清华了。

当年各大学电机系大都分为两个组：电力组和电讯组，相当于现在的两个专业。我入学时没有很明确的意愿，就随便选了电力组。在电机系二年级学习结束后，我终于决定要转到电讯组。因为我从中学读书时就对无线电感兴趣，但是没有条件接触。记得中学同学王新赢也对无线电感兴趣。他家中有条件，自己学着组装业余无线电发射机。我曾几次到他家中参观他的小"实验室"。我决定转组后，就前往系主任马大猷教授的办公室找他。那时我胆子仍然很小。到了他的办公室门前，停下脚步，等了一会儿镇定下来，才敢敲门。我向他说明我转组的请求后，他很爽快地就同意了。

十四　我的大学老师

大一普通物理是在理学院的大教室上课
的。听课的学生是上面提到的工学院、医学
院和农学院的一年级同学，有一百多人。讲
课的老师是当时北大有名的物理学家兼北大
教务长郑华炽教授。郑华炽上课的"排场"是
我有生以来仅见的。每次上课时有四位助手
在场：其中两人是负责改作业的助教，坐在
后面听课；一人是管放幻灯的助教，常推一

郑华炽

个四轮小车出来，上面放着幻灯机，在放幻灯前他还负责把黑窗帘拉
上（当年的幻灯机灯光较暗，为配合放映幻灯，有时要多次拉动窗
帘）；还有一人，可能是工友，一直坐在教室前面边上专门负责擦黑
板。每当郑教授写满黑板时，一挥手他就上来擦黑板。我想，他年复
一年地擦下来，若是有一定基础并有心学习，或许也可以学好物理，
甚至能教物理课。

大一微积分是由年轻的冷生明老师教的。他当时还不是教授，但
是讲课还是很有经验的。他讲话有时很幽默。一次，当一位迟到的同
学进教室时，他慢慢文绉绉地说了一句文言文："何姗姗来迟？"然后
继续他的讲课。还是因为用英文教学的缘故，我的微积分并没有学
好，虽然会做习题，但是没有真正理解。直到毕业后我当了老师，给
没有上过大学的实验员讲一遍微积分课后，才算是真正弄懂了微积
分的全部内容。

二年级的"电子学"课程是由马大猷教授讲授的。马大猷当时是

马大猷

北大工学院院长兼电机系主任。他于1940年获得美国哈佛大学博士学位，才华超众，25岁就成为西南联大两位最年轻的教授之一，32岁就担任北大工学院院长，是国际著名的声学专家，我国现代声学开创者和奠基人。[14]他讲课受到同学的普遍欢迎。他讲话慢条斯理，一句是一句，从不重复，也没有毫无意义的口头语，来教室时手里只拿一张纸作为讲稿。当年北大的课堂气氛是非常活跃的，同学可以随时坐着向教授提问，打断教授的讲课，连举手都省掉了。马大猷是当时少有的"问不倒"的教授之一。他当然也是用英文词汇讲课。一次他讲"Sawtooth Wave"，我不知道这是什么东西。下课后，查字典才知道这叫"锯齿波"。到"电子学"第二学期时，马大猷不讲了，他想给我们讲他拿手的"电声学"，不过我们并不想学这门课程。另外，同学们知道换来的老师没有他讲得好，就派代表挽留他继续讲电子学。最后同学仍然没有能够扭转局面，他还是给我们开了电声学这门课。我学了一学期的电声学，至今只记得他讲过：声波的能量很小，一个人连续讲话7年的能量才够煮熟一个鸡蛋！他是有名的声学专家，在1959年建设北京人民大会堂时，他负责大会堂的音质设计。马大猷于2012年7月17日逝世。

　　在大二时我们还有一门课，叫机动学。机动学是机械设计的一门基础课程，主要讲四连杆、凸轮、齿轮等的运动原理。当年凡工学院的学生都是要学的。这不是一门主课，任课老师的姓名已经不记得了。他是江浙一带人，说话口音很重，难听懂。现在只记得他在课堂上常说的几个字"four-bar linkage"（四连杆），深深地刻在脑中。

　　大二时还有一门主课"电工原理"，是由一名青年助教蒋仁渊任教。他是前面曾提到过的蒋梦麟的次子。蒋梦麟曾任民国政府的教育部长，并任北大校长多年，直至抗日战争胜利后才由胡适接任。蒋仁渊当时虽不是教授，但讲课非常认真、条理分明，效果很好。他对学生要求严格，每两周小测一次，成绩纳入期末总成绩。"电工原理"是一门非常难学的基础课，尤其是静电场部分，解题常常不得其门而入。当年北大师生间有个不成文的默契，即当出现考试出题过难，成绩普遍不及格时，课代表就出面找老师要求降低打分标准，办法就是把每人的成绩"开方乘十"。"开方乘十"的结果就是原来36分变成了60分，刚好及格；原来100分的还是100分。据说这个办法在有的学校沿用至今。

蒋仁渊老师对佛学亦有研究。记得我和几个同学曾到他宿舍聊天，他说他只是研究佛经，当作一种宗教学习，并不烧香拜佛。在解放后当时的革命浪潮下，他的这种思想有些另类。据说后来他终生未娶，不知这是否和他信仰佛教有关。

大二时的另一门主课是"交流电路"，任课老师是资深的部聘教授余谦六。所谓"部聘教授"，是指由民国政府教育部直接聘任的教授，是当时中国教育界的最高荣誉，有人称之为"教授中的教授"。在北大工学院中，部聘教授仅此一人。俞谦六教授也是工学院中年纪最长的教授，他一直留着山羊胡子。但是，他讲课似乎并不尽如人意。可能是年纪大的原因，他在课堂上最怕学生提问，但是偏又不时在黑板上写错公式。只要同学指出有错，他就站在讲台上不断更正，往往直到下课铃响，还没有找到问题所在，当时一般称为"挂黑板"。同学背后称他"老糊涂"。给他当助教的是高景德老师。高景德在教我们班后，于1951年被派到苏联列宁格勒加里宁工学院学习，1956年在那里取得博士学位。他是在苏联第一个获得博士学位的中国留学生，并于1983年5月至1988年10月出任清华大学校长。[15]

在大二时，从老师处得知，我们的教学计划有了较大的变化。据说由于全国解放，已经转入和平建设时期，所以政府认为无线电通信不保密，今后通信应以有线电通信为主，所以缩减全国高校的无线电专业，我们的教学计划也以有线电为主。这样，我们三四年级的专业课程中有线电方面的占 4 门，即"电报学"、"电话学"、"自动电话"和"载波电话"；而无线电方面的课程只有两门，即"无线电原理"和"天线"。前者的内容包罗万象，涉及通信、电视、雷达等等。当时给我们开这 4 门有线电课程的是胡筠教授，他留学德国，曾担任过德国的一个电报局局长。我印象中他口才一般，但讲课非常风趣。一次他讲到避雷针的作用时，用吃面条做比喻说，为什么抻面比切面好吃，因为抻面表面粗糙，容易粘上作料，以此来比喻粗糙的表面容易放电。他对学生要求不太严格，考试出题较简单，很容易及格，所以很受大家欢迎。

到了 1956 年，中央制定《十二年科学技术发展规划》时才意识到这种思路不正确，于是又"大办无线电"，在许多大学中成立无线电系。当时通称的"无线电"技术，虽然主要指用于通信的技术，实际上确切地说是"弱电"技术，它相对于"强电"，后者当时主要指的是电力，包括电动机、发电机、输电和配电等。从上世纪 50 年代起，在弱电领域逐渐出现了半导体、计算机、雷达、导航、激光等重大新技术。仅从无线电通信技术应用的狭隘观点出发，规划院校建设和制订教学计划必然造成失误。

最后补充一点儿趣闻。人们常说麻子聪明，此话果然不假。北大工学院教授中有两个麻子，都是绝顶聪明的。一个就是上面提到的工学院院长兼电机系主任马大猷，另一个是工学院建筑系主任朱兆雪教授。朱兆雪虽然没有教过我，但是我们常在校园中看到他，并听到颇多关于他的趣闻。当时在工学院大门外经常看到停有一辆小汽车，这在当时是唯一的一辆，它就是朱兆雪的私人汽车。那时连院长马大猷都是坐三轮车上班，只有他拥有私人轿车，因为他不但是工学院教授，还在当时一家建筑公司和建筑设计单位工作，所以相当有钱。据说他在工学院当教授的薪金都是存在系秘书那里不用的，逢年过节学生开联欢会时，建筑系的学生就可以花这笔钱，所以其他系的学生都非常羡慕建筑系的学生。

朱兆雪生于 1899 年，1919 年赴法国留学，1923 年在巴黎大学获得数学硕士学位后，又留学比利时，1926 年毕业于比利时岗城大学水陆建筑系。他在比利时学习时，一位教授出了一道数学难题，说如果谁能解开此题就把女儿嫁给谁。结果朱兆雪解出了此题，并娶得此比利时教授的女儿。1927 年携比利时夫人回国，但是终因异国婚姻，于 1955 年前后离婚。我是从报纸上看到他们的离婚启事才得知他们离婚的。离婚后夫人回比利时去了。朱兆雪曾负责和主持全国政协礼堂和北京人民大会堂的结构设计，1965 年 5 月 30 日在北京病逝。

除了上面说的两位绝顶聪明的教授外，我在北大还遇到过一位非常聪明的麻子工友。那是在解放初期我刚住到北大工学院宿舍读二年级的时候。当时虽然没有洗衣机，但是工学院有洗衣房为学生提供洗衣服务。每当同学们晚上回宿舍后，会有一位长麻子的洗衣工友到每间宿舍收洗脏衣服。那时的生活水平很低，不是每人每天都有衣服要洗，但是我偶尔也会请他洗衣服。令我感到奇怪的是，他身后背一个大白布包，把我交给他的脏衣服往身后的大包袱里一扔就走了，从不登记。过一天洗好后就送回来，不会送错，也不见送回的衣服上钉有写上姓名或编号的小条子。那时学生虽然不多，但是宿舍院内也有上百学生住，他是怎么处理这件事的？我始终存疑，只当作长麻子的人大都非常聪明，即使文化不高，也身怀绝技。

十五　大学生活

　　大一暑假（1949年）后，我们就搬到北大工学院的校舍学习工学院的课程了。北大工学院当年坐落在西城的端王府夹道；我住的宿舍则在很近的翊教寺胡同（现改名为育教胡同）。那时我家已经搬到了西四小绒线胡同，离端王府夹道很近，约有两个街区。一般情况我每一到两周回家一次。1952年全国院系调整后，北大工学院除化工系外并入清华大学。工学院的原校舍几经易主，到文革前已经改造成了一座很神秘的军事重地。据说是为了准备打仗，把这里建成中央的第二指挥所，万一中南海被炸，就转移到这里。院子的围墙比一般围墙高许多，有一米多厚，墙中间是空心的，可以走人，墙上隐藏有射击孔。这种传说不知是真是假。现在那里是中国儿童中心。

　　1949年底到1950年初的寒假，我们电机系的同学集体到石景山发电厂和石景山煤矿去参观。当年从北京城里去石景山要坐火车。由于要住在那里三天，我们每人都自己带着被褥和洗漱用具，在那里打地铺睡觉。记得当年石景山发电厂最大的发电机容量才2.5万千瓦，而今天石景山发电厂的发电能力已经达到数百万千瓦。令我印象深刻的一件事是，一个工人为我们介绍一座高大的"冷凝塔"时说它是"康丹色（condenser）"。原来那时的一些英文技术名词都没有中文译名或中文译名不流行，而直接使用英文音译，在工厂的工人中也是如此。怪不得在小说中我看到上海纺织厂的工头被叫做"那摩温（number one）"。

　　去石景山煤矿参观是一次非常难得的经历。我们下去的是当地一座较大的煤矿。乘升降机从竖井下到地下数百米的巷道，再沿水平方向在巷道中前进到掌子面，体验到了煤矿工人的艰辛。由于井下地面有水、很潮湿，所以每隔一段距离就有火炉驱潮，火炉用煤块和煤矸石围成，中间烧煤。在巷道中有轨道车可以运煤。当年煤矿还有一项不成文的规定，即女人不准下井，说女人下井不吉利，所以我们同去的女同学就只好止步了。在那个煤矿附近还有一座小煤矿，那里的工作环境要艰苦得多。我们下去的大矿，在大部分巷道中都可以直立行走。小煤矿则不然。小煤矿没有升降机，没有竖井，从煤矿洞口望去，有一条向下倾斜的深洞，矿工只能在洞中爬行，根本不能站立。矿工需要把开采出的煤用背篓背着爬出深井。在洞口外有一个台秤，用来称背上来的煤的重量。我们同学中只有一个人敢下去体验，我的确不敢下去，但是我在上面看看就已经感知到煤矿工人的艰苦了。

读完大二的 1950 年暑假，我和同学一起参加了学校组织的夏令营活动，到秦皇岛旅游，并且乘海船从秦皇岛去北戴河玩。这是我第一次看到大海和乘海轮。在海上航行时遇到了较大的风浪，船颠簸得很厉害，波浪直接翻滚到甲板上。我的胃中也翻腾得很厉害，幸好船只航行了一个多小时就靠岸了，不然肯定会吐出来。旅游回来不久就得知，1950 年 6 月 25 日朝鲜战争爆发。

在这个暑假，有一天我和几个同学骑自行车去颐和园游泳。这是我第一次下水学游泳。不幸的是，我一只脚的大拇指被水下的东西割破了，同学们说可能是被水下的碎酒瓶割破的。当时在水下我并没有感觉疼，等到上岸后才发现脚被割破流血。于是赶快骑车进城，直奔到府右街北口的北大医学院附属医院。医生给打了预防破伤风针，并在伤口处缝了四五针。那时北大的学生到北大的附属医院看病是不要挂号费的，但是医药费大约要 2 元（按照当时的人民币面额是 2 万元）。当时我是一名穷学生，拿不出那么多钱，幸亏陪我去医院的同学关肇昌替我付了医药费，他的家庭经济情况比我好。我这个人一直把"滴水之恩当涌泉相报"当作座右铭，对此事总是铭记心头。这两块钱一直没有还，但是关肇昌已经驾鹤西去。祝愿他在天堂幸福吧！

到 1950 年 10 月后，全国开展了轰轰烈烈的"抗美援朝"运动，学校亦参与此运动中。志愿军入朝的消息公布后，学校中掀起了"参军参干"的高潮。许多同学都报名参军，我也不例外，但是最后上面规定大学三、四年级的学生因为即将培养成才，不批准参军，只有少数一、二年级的学生被批准参军。（其中北大电机系一年级的杜武林和北大土木系二年级的王公宇被批准参军，后来我毕业后被分配到军队，又和他们在张家口的学校见面了。）那时我已经是三年级学生了，所以就留了下来。不过到四年级毕业后还是被分配到了军队。那时另外一项重大活动是全校停课，我们被安排下乡去向农民宣传"抗美援朝、保家卫国"。这学期的期末考试又黄了。

这是我第一次住到农村，并在那里生活。虽然是到北京近郊，但是和城里人的生活习惯有很大差别。除了吃住条件外，我印象深刻的是农民的时间观念问题。通知农民晚上 7 点开会，结果到 9 点半还没有到齐。原来在农民观念中晚上 7 点就等于是晚饭后。那时许多农民家中并没有钟表。这和我们城里的学生按时上下课的概念有着天壤之别。

"抗美援朝"开始后，在全国开展了反对"亲美、崇美、恐美"的教育。这样一来，英文也就成为了"敌人"。学校中原来全部采用英文教科书，现在行不通了。于是，老师就把英文书翻译成中文讲义，刻钢板油印后发给大家。从这时开始我们才有了专业术语的中文译名。例如，impedance 翻译成"阻抗"，tank circuit 翻译成"槽路"，等等。

在 1950 年，北大号召学生开展"新民主主义学习"运动，鼓励大家努力学习。这正是我的兴趣和特长所在，因而得到了学校和同学的注意。一次"电工原理"小考，蒋仁渊老师只出了两道求解静电场的题，每题 50 分，答错一题就不及格，两题答对就 100 分。第一题比较容易，大家都会做；第二题则非常难，除一人外都做不出来，即都不及格，那一个人就是我。实际上，对第二题我也是没有一点把握，当时的想法是若不答肯定不及格，若蒙一下也不会扣分，所以就大胆写出答案，没有想到蒙对了，因此轰动了全班，也引起了老师的注意。

另外一门"交流电路"课程也是每两周小考一次，小考成绩计入期终成绩。这门课习题和考题的特点是基本上都是计算题。那时还没有计算机，需用计算尺进行复杂的数值计算，而拉计算尺很容易出错。因此，若想得到正确答案，除了必须弄懂原理和计算方法外，还要计算细心。这门课的原理不难，难就难在计算容易出错。针对这个特点，我做题时特别注意计算的准确性，考试时不急于交卷，也不想提前交卷，有时间就反复核对答案。这样下来，基本每次小考都能得到 100 分，而期末总成绩达到 99.8 分。

由于我在考试成绩上的突出表现，正好符合上面号召开展"新民主主义学习"运动的意图，老师和班干部商量后来找我，要我总结学习经验。但是，我什么经验也说不出来。还是由于这些表现，在 1951 年初我被北大选举为出席北京市第一届青年团代表大会的代表。回想起来，当时我并不是为了响应号召而学习的，我努力学习并取得好成绩完全是出于我的兴趣爱好，以及我在中学学习时打下的良好基础。假若我的这种表现是在 1958 年，一定会被当作"只专不红"的典型来批判。

1951 年暑假，我们开始了教学计划中的"生产实习"。在这个暑假中，我们电机系电讯组的同学去了北京广播器材厂和中央人民广播电台两处。在北京广播器材厂内，除了对全厂进行参观（包括扬声器、唱片、电容器等生产）外，主要参加了大功率广播发射机的调试。当时生产的发射机一般发射功率为 1～2 千瓦。负责调试的人是当时工厂的隋经义总工程师，他就是我们的指导老师。隋总

隋经义

为人很和善，循循善诱，使我们增长了很多实际知识。后来才晓得他还是我育英中学的学长。他 1935 年于育英高中毕业，并且于 1948 年

获美国哈佛大学硕士，后回国参加祖国建设。印象深刻的是，在调试发射机需要我们帮他开机或关机时，他总是说"on"和"off"，他解释说在中文中"开"和"关"的含义容易误解，门若"关"上就不通了，而电路"关"上理解为"闭合"就是电路接通了，恰好与中文意思相反。另外，在这次调试发射机中我第一次尝到了被高频电"烧"着的滋味。一次我手掌偶然碰到了发射机末级功率放大器的线圈，皮肤马上被烧了一个小圆点，后来这个疤痕一直存在了几十年。通过这次高频"电击"，我亲身体验到了大功率高频电流，由于"集肤效应"，只烧皮肤表面，不会深入肌肉，但是伤痕却长期不会消失。

在这个暑假的第二个实习点是位于北京东郊双桥的中央人民广播电台。双桥位于北京市区和通县的中点，当年从北京市内去双桥也是要乘火车的。在那里，电台的总工程师亲自为我们介绍了电台的各种设备。那时最大的一台中波广播发射机的发射功率是 100 千瓦，末级发射真空管有一人高，发射机天线铁塔有 225 米高，铁塔本身就是天线，铁塔四周有钢绳拉住使之直立，铁塔下面的球状绝缘体是从德国运来的。由于发射功率很大，所以电台在工作时，附近路灯的电线由于吸收了发射电波使灯泡都被点亮而发出暗红色的光。我们几个同学问清楚了电台工作(发射)的时间，趁电台不工作的时间，在星期天清早，去爬这个全国最高的天线塔。计算了一下时间，上下共花了约两个多小时。天线塔最下面的 50 米是最危险的，因为完全没有防护，一失手就掉下去了；在 50 米以上身后有铁环，身体向后仰时可以靠住，反而更安全。

1951 年年底全国开展了"三反"、"五反"运动，即在党政机关工作人员中"反贪污、反浪费、反官僚主义"和在私营工商业者中"反行贿、反偷税漏税、反偷工减料、反盗骗国家财产、反盗窃国家经济情报"。我也被卷入了这场运动，先是被调去市内约一个月参加对一个小商铺的审查。回校后又马上参加了校内一个专案组，审查一个会计的贪污问题。这个专案组工作一直持续到 1952 年暑假，所以我最后一个学期基本没有上课。

回顾我大学四年的学习和生活，大半是在动荡中度过的：中间经历了北京解放、抗美援朝、"三反五反"，有两次寒假前的期末考试没有举行，有一次我没有参加。总的看来，大学的一二年级时，学校的教学秩序基本还是稳定的，我的课程学习也是比较扎实的。这两年的大学学习为我的专业知识打下了较坚实的基础。大学三四年级时，学校和社会一样在各种运动中动荡不安，我也深深地被卷入了这些运动中，很多时间都是在搞"运动"。现在看来，我总是感觉有些浪费青春和得不偿失。

在北大工学院读书期间，还有一件值得回忆的事，即学生食堂的管理。当时学生食堂是由学生自己义务管理的。学生会号召各个班级竞选管理，每届一个月。我们班曾经竞选成功一次。为了节约开支，我们几个同学决定自己到早市蔬菜批发市场去买菜。天没有亮就起床，拉着一辆架子车出城去买菜。我根本没有经验，只是跟着去做帮手。在食堂中，学生还有"监工"的责任。一次，我在厨房中"监工"，无意间打开一个锅盖，发现锅内是炖的猪肉，我赶快盖上了。厨师当然也看到了我打开锅盖。我感到非常尴尬，因为这锅肉显然是厨师们偷偷为自己做了吃的。我只当什么都没有发生，没吭气。这种食堂管理办法，能够避免专职管理食堂人员可能发生的贪污行为，发挥和锻炼学生自己的工作能力，但是我怕影响学生和厨师的关系，不好去追究厨师的偷吃。那时，学生平时是吃不到肉的，只盼到月底食堂能有结余，给同学加餐打牙祭。

十六 大学毕业参军

　　1952 年夏，我从北大工学院电机系电讯组毕业。暑假后，因全国高校院系调整，北京大学工学院（除化工系外）并入清华大学。于是我也成为了没有在清华学习或工作过的清华大学的校友了。我毕业那年国家已经取消了学位制，所以仅有大学毕业证书，没有授予学位一说。因为 1953 年将开始实行第一个五年计划，国家需要大批建设人才，所以 1952 年夏季全国的大学三年级学生都提前一年，和四年级毕业生同时毕业。

　　当时毕业生的工作由国家统一分配，但是个人可以申报三个志愿。那时全国刚解放不久，多数青年和学生参加革命和祖国建设的热情很高，大都愿意服从国家分配工作，我也不例外。因此，填报分配志愿时我在表格上填写的三个志愿都是"服从国家分配"，没有要求留在北京或其他地方。后来，我被分配到军委，这是我没有想到的。当时军队是供给制，到军队工作，没有薪水。若到地方工作则

大学毕业照

有收入可以糊口养家。顺便说一下，那时处于解放初期，物价仍然在飞涨。在地方工作，政府为了保证人民生活稳定，每月的薪水都是按照当时的粮食价格折算的。我记得当时若留校任助教，大约是每月按照 400 斤小米折成人民币发薪水的，所以每月的人民币收入都不同。

　　由于北京被日寇占领八年，家庭经济濒临崩溃，我的哥哥、三姐和四姐相继失学就业，没能上大学，在父亲去世后，我生活和学习的

经济负担全部落在各位兄姐身上，这使我非常内疚。本来想大学毕业后，我在经济上就能够独立，并能承担起赡养母亲的责任，但是被分配到军委参军了，是供给制，没有薪水。母亲仍需我兄姐赡养，我于心不安，但是那时服从国家需要是放在第一位的，个人困难只能自己克服。在毕业分配前夕，朱德为全北京的大学毕业生作动员报告，地点在中山公园音乐堂。当年全北大的毕业生大约有 400 人；其中只有一人不服从国家分配，她是一名女生，据说是一名天主教徒，天主教会为她安排了工作。

在报到时，我才弄清楚是分配到了军委下面的总参通信部。当年正值抗美援朝战争，各地大学学习电讯的毕业生中大多数都被分配到了总参通信部。来自全国各地学习电讯的大学毕业生，包括四年制、三年制毕业生和两年制专科毕业生，大约有近一百人，集中住在北京总参通信部大院。大约半个月后，绝大部分毕业生都被送到张家口的军委工程学校（即次年正式成立的中国人民解放军通信工程学院），少数人留在北京工作。分配到张家口的人于 1952 年 9 月 4 日登上火车出发。出发前指定了清华和北大毕业生各一人为正副队长带队，正队长是清华毕业的汪懋官（他在文革后改名为汪茂光），我被指定为副队长。

火车进入张家口时，从车窗望出，一片土坯、破旧矮房。张家口的校舍在东山坡上，原来是日本军队的军营，基本上是一些小平房，还好是砖瓦房。对于一直生活在大城市北京的我来说，这样的差距使人感到十分震撼，却也带有几分新鲜感。由于初入部队，什么都是陌生的，有些茫茫然，但是没有不安，只有新奇。到张家口后，很快就发了军衣，算是参军了。这批大学生中一部分被安排去学习俄文，

1953 年参军后

准备赴苏联深造；另一部分，包括我在内，就被分配去当教员。这是我从教的开始。在张家口的军委工程学校，我遇到了不少原来在北大认识的校友，例如北大电机系1950年毕业的郭梯云和吴万春，他们已经是那里的教员，与他们同届毕业的何耀坤由邮电部派去在那里学习俄语。

到张家口参军后生活有了很大改变，开始时非常不适应。那时的宿舍是睡木板搭的通铺，七八个人并排睡。吃饭没有食堂，是蹲在院子里的地上，八个人围一圈，中间有用洗脸盆盛的一盆菜。张家口冬天很冷，下雪天也这样吃饭。早晨听到吹起床号后，十分钟内就要整理好床铺和洗漱完毕，集合出早操。每周日上午要集合排队下山到市中心老百姓的商业澡堂去洗澡，这个时间澡堂是我们军人的"包场"，没有老百姓进入，倒也十分安全。当年军队还是供给制，没有薪金，每月只发给一点儿零用钱，用来买牙刷、香皂等。记得我第一次领到的零用钱主要是买了一把指甲刀。其他生活用品都是发的，包括衣帽、鞋袜、毛巾、雨伞、雨衣等。每天晚饭后有大约半小时的读报时间，小组中由一人读报给大家听，至于读哪几篇新闻则由读报人自己决定。对这种做法我当时很不以为然，我们都识字，可以自己看报；我认为这种办法只适合用于部队中没有文化的战士。读完报后，大家都在办公室内学习或工作，直至回宿舍睡觉。大约三年后，住宿和吃饭条件才有所改善。

参军后，第一次填个人履历表时，发履历表的领导解释如何填表时说，家在哪里籍贯就填哪里。我遵照领导的指示，就把籍贯改填为北京市了。那时我和许多人在思想上对于领导说的话像是对待"圣旨"一样，从不质疑，也不反对。在我北大毕业证书上籍贯还是写的浙江省杭州市。有趣的是，我的北大毕业证书，几十年来，在国内没有任何个人、单位或组织查问过；倒是在我申请加入英国电气工程师学会(IEE)时，对方要求我提供大学毕业证书复印件。这使我很钦佩英国人办事认真的作风。我的籍贯的改变，从来没有任何人关注过。

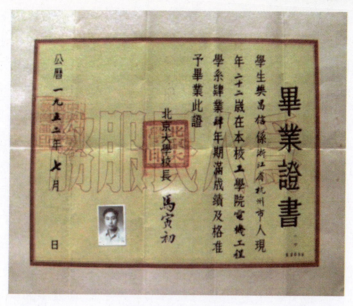

我的北大毕业证书

　　到张家口不久，从 11 月初开始，我就被安排去辅导学员的装机实习课。这门实验课由我和比我早一年参军的管致平两人负责。管致平是 1951 年响应"抗美援朝"号召从南京大学参军的。我是新兵，所以主要跟着管致平学习如何辅导和工作。装机的内容是哈特莱振荡器，要求学员自己装配焊接和调试好一部振荡器。学员装配焊接好后，常常不能正常工作，这就需要学员自己寻找和排除故障。有时学员自己解决不了问题，教员就要在晚上加班帮助解决问题。

　　1953 年初，我被安排到新成立的军用机教学小组，开始教学员学习几种军用通信机的原理和使用。我教的第一班是学习无线电通信的两年制"机务班"学员。他们毕业后很多人被分配到志愿军，参加朝鲜战场的军用电台维修工作。这一班学员中，毕业后留校工作的有廖翠济和黄淑仪等。在 80 年代我去美国斯坦福大学访问时，偶遇一名在那里访问的中国学者，发现他原来也是我教过的这一班学员之一。他是蒙古族学员，当时名叫"舍楞"，现在改名为郝为民。这样的"他乡遇故知"，当时感觉非常亲切。经过交谈后得知，他 1958 年又到北京邮电学院的大学本科学习。后来已经成为我国邮电通信部门的重要骨干,曾任原邮电部电信总局副局长兼总工程师等职。

"军用(无线电通信)机"是一门非常实用的课程,内容为讲解当时部队实用的各种电台的原理,以及指导同学操作使用这些电台。当时我军除了少数几种国产电台和缴获的美国军用电台外,还有从苏联引进的电台,其中包括苏联 PБM 型便携式短波电台、由天津 712 厂研发的国产 2 号步谈机和八一型 15W 短波电台、由南京 714 厂研发的七一型背负式 2W 短波电台,还有缴获的美军二战时用的 SCR694、SCR284 电台和 BC1000 型背负式电台等。这些电台都是我们的教学内容。后来,教学内容不断更新,增加了不少新型的国产电台和苏联电台。

这时学校也开始引进苏联的教科书。为了适应教学需要,学校分批组织教员参加俄文速成班学习俄文。我则因为工作繁忙,无暇参加,只能开始自学俄文。除了自学俄文语法外,每次从宿舍到办公室的路上,我一定要背一两个俄文单字。大约一年时间,我已经能借助字典翻译俄文的苏联军用电台说明书了。

1952 年寒假,我们教学组到南京无线电厂去学习了解那里生产的"七一型"便携式军用电台的性能和设计,以便回来教给学员。这种电台当时是在朝鲜战场上使用的主要电台之一。这是我参军后第一次出差。像行军一样,我们每人都把被子打背包背在身上。到南京后,住在工厂的招待所内。恰逢南京下大雪,室内又没有取暖设备,睡觉冻得要死。那时不兴旅游,我们只是晋谒了一次中山陵,没有去游览其他名胜古迹。在工厂中我对电台包装箱中的防潮剂感兴趣,问接待我们的张允林工程师那是什么东西,得到的回答是"silicon gel",当时弄得我莫名其妙。这一方面说明我的英文不行,另一方面反映出当年中国科技领域的现状,许多东西都是舶来品,甚至没有中文的译名,或中文译名不通用。张允林 1943 年毕业于清华大学(西南联大)电机系电讯组,长期在南京无线电厂工作,后调至无锡某无线电厂工作并任无锡电子局总工，曾被评为国家级劳模，于 1993 年退休。

　　主持设计"七一型"电台的是该厂的总工程师官知节，他 1943 年毕业于西南联大物理系。在七八十年代，我们多次在一起开会并曾住在招待所同一个房间。在那个年代，人们的生活水平都非常低，能满足温饱就不错了，但是我见他每晚睡觉前要先换上睡衣，感到非常特殊。当时的物质条件下，在来开会的数十人中穿睡衣睡觉的恐怕仅此一人。我由此推想他一定出自名门。到 2000 年左右，得知他因脑软化症，长期在家由他的夫人虞佩曹女士照顾，而虞佩曹恰好是我父亲好友虞振镛的长女。现在官知节和虞佩曹都已经过世数年。

　　真是地球如此之小！到处都碰到与清华和北大有某种联系的人！

十七 镇反运动

1955 年全国开展了"镇压反革命运动"。学校又开始停课,审查历史有疑点的干部和学生。一些重点的审查对象被集中住宿在一起。事实上,学校中被审查的人中绝大多数都是无辜的。在此期间,我被派出去"外调",即到外地去找到和被审查者有关系的人,要他们给写调查材料。这次外调,使我增长了不少见识。那时还算是解放初期,许多事情都不是按照现在的办法办。首先,那时的军人乘火车是不用买火车票的。出发前,在学校开好前往各地的每段火车的"换票证",凭它就可以乘火车。那个票证上面并没有票价,火车站收去后再向政府(军队)结算。当我在中途需要改变行程时,我只需要到当地车站的军代表室口头申请,就可以得到我需要的"换票证",非常方便。

我要找的人在解放前是国民党的一个骨干,关在上海监狱中。我就直奔上海。到上海市委组织部报到后,我被安排住在上海国际饭店。这个饭店地处繁华的南京西路,在三十年代有"远东第一高楼"之称。不过这时的上海国际饭店内部并不豪华,在一个大房间摆满了单人床,给我分配了一张床。那时的治安非常好,饭店中住的人都是经过"组织"介绍来的,所以个人的行李放在床头,绝对不会丢失。我要找的人被关在上海提篮桥监狱中,所以我有幸第一次也是唯一一次走进监狱的大门。我的心情好像是去参观监狱一样。提篮桥监狱门禁森严,要经过两道有卫兵看管的大门。进入大门时给一个牌子,出门时还回这个牌子。若是把牌子丢失在里面,我就出不来了。我见到的狱中的牢房像动物园中关老虎的房子,每间关一个犯人,非常整洁。地面上有一个矮木台,大小类似单人床,供犯人睡觉,没有其他家具。我去调查算是"提审犯人","犯人"自然非常听话,有问必答。

由这个"犯人"口中得知另外一个"知情"劳改犯人,所以我需要去找到这个劳改犯。据了解此人正在安徽蚌埠附近修筑淮河河堤。于是我马上赶往蚌埠。到了蚌埠修筑淮河河堤的劳改队后,经查问得知此人刚去江苏盐城附近的射阳县修建河堤了,于是我又转赴射阳县。从射阳县城到劳改队修河堤处没有公交车,只有后座带人的营运自行车。我坐在自行车后座上行走在狭窄的田埂路上提心吊胆,走了一两个小时,终于到达目的地。坐在后座上真没有自己骑自行车舒服。我不认路只好被人带着去。

到了射阳县的劳改队后,我住在劳改队的招待所内。劳改队位于河滩地,招待所是一座平房,房屋很宽敞,中间摆放一张平板床,还算整洁。终究是劳改队的招待所,去那里出差的人很少,或者说只我一人。第二天起床后,我问去哪里洗漱,管理员告诉我去那个小河边。到那里一看,小小水沟里的河水使我难以用于漱口刷牙,我觉得我的口腔一定比那河水还清洁,只好作罢,仅在那里洗了洗脸和手。后来我得知,离我洗脸处不远的河沟下游就是上厕所的地方。可能那里盛产莲藕,所以我的午餐和管理干部及犯人吃的一样,就是煮莲藕当饭吃。这倒是我很喜欢吃的东西,但是我不敢想那煮藕的水是从哪里来的。我看到劳改队的管理干部们就常年生活在这样艰苦的环境里,不觉肃然起敬。

十八　向苏联学习和部队正规化

从 1953 年开始，西电的前身"解放军通信工程学院"和地方上其他大学一样，从原来学习欧美大学转向学习苏联的高等学校体系，并引进苏联高校的教科书。这时学校共创办四个系，即指挥工程系、无线（电通信）工程系、有线（电通信）工程系、雷达工程系。第一个系是为部队培养高级通信指挥人才的，后三个系属于培养工程技术人才的。

在 1952 年暑假全国高校院系调整之前，像北大、清华等高校只在电机系下设有电讯组（相当于后来的专业）。电讯组开设的主要无线电专业课程是一门"无线电原理"，普遍采用美国斯坦福大学（Stanford University）弗雷德里克·特曼（Frederick Terman，1900 — 1982）教授编著的教科书《无线电工程（Radio Engineering）》。特曼曾任斯坦福大学副校长，并推动斯坦福大学成立斯坦福工业园区，后者奠定了

特曼教授

"硅谷"的基础；他因此被称为"硅谷之父"。我们在北大学习的这门课程中，对通信、电视、雷达和导航都有所涉及，可以说是无所不包，但仅是介绍基本概念而已。直到我工作几年后才发现此书曾经在 1949 年被上海交大的几位老师翻译成中文，由龙门书局出版。

在 1953 年全国高校院系调整后，虽然有的地方大学设立了无线电系，但是没有一所地方大学像我所在的这所军队学院那样设立了无线、有线和雷达三个系。这一方面和军队需要有关，另一方面也和

学习苏联有关。在课程设置和教材上，也学习苏联。到 1956 年，一些主要的苏联教科书已经陆续翻译成中文，并由高等教育出版社出版了，例如克雷洛夫著的《无线电理论基础》，德罗波夫著的《无线电发送设备》，西福罗夫著的《无线电接收设备》等。这些教材被国内多所高校采用，包括我校在内。

学校的教材全面改用从俄文翻译的苏联教科书后，原来一些从英文翻译过来的中文专业名词现在用从俄文翻译过来的代替，感觉不习惯。例如，由电感和电容并联的谐振电路在英文中称为"tank circuit"，翻译成中文叫"槽路"，现在改成"振荡电路"或"振荡回路"；从英文 Kirchhoff's law 翻译出的"克奇霍夫定律"变成了"基尔霍夫定律"。基尔霍夫是德国物理学家，德文姓 Kirchhoff，过去按照英文发音译为克奇霍夫；但是在俄文

基尔霍夫

书中将其姓写为 Кирхгоф，按照俄文发音就译成了基尔霍夫。（实际上，俄文发音更接近德文原文发音，故"基尔霍夫"的译法一直沿用到现在。）原来教科书中认为无线电报发明人是意大利人马可尼，现在在苏联教科书中则改成俄国人波波夫。

1955 年解放军"正规化"，开始实行军衔制。此前，全军已经开始全面地向苏联学习，学校还来了一个苏联顾问团（地方大学称苏联专家，军事院校称苏联顾问）。顾问团把苏联对口学校——苏军红旗通信学院的一套完全搬到了这里。

首先，按照苏联学校的训练计划为我们制定了五年制的教学计划。普通学校的教学在军事院校称为训练，所以教学计划就是训练计划。训练计划和课表如同作战计划，都需要经过学院政委和院长批准。教学过程必须严格按照计划和课表执行。从下面的课表可以看到，我在 1958 年讲授的"军用机"课程总学时数为 70；同时在该班任

课的教员有汤步和、郭梯云、叶根涵、姬岐周和陈太一。

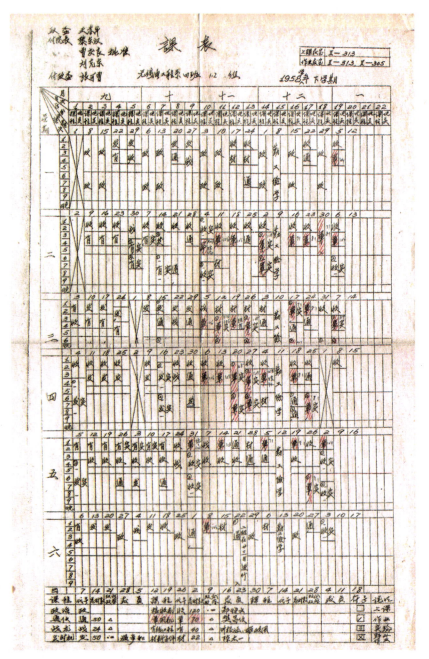

1958 学年下学期无线电工程系四班的课表

其次，学员毕业时要举行"国家考试"，采用口试的办法进行，我们戏称之为"三堂会审"。毕业后按照苏联的制度授予毕业生军衔：优秀生，即各门课国家考试全5分的学员授予上尉军衔；其他的毕业生授予中尉军衔。这样做的结果是造成了师生间极大的混乱。因为当时地方大学和本校的上几届毕业生在本校当教员，按照解放军老办法，工作了数年后，多数的军衔还是少尉和中尉。所以出现的现象是：原来自己教的学生，刚毕业留校任教，就比自己军衔高，见面要先向他们敬礼。因此，这个军衔授予办法实行一年后就停止了。第二年的毕业生是优秀生评为中尉，一般评为少尉。我于1956年被授予中尉军衔，在1957年改为上尉军衔。

第三是按照苏联学校的作息时间改变我们学校原来的作息制度。在苏联是实行6小时一贯制的作息时间，即学员每天连续上课6小时，不分上下午。这个制度在苏联是有道理的，因为苏联的教学员是住在家中或外面的，下课后就回家了。并且校内有小卖部，在6小时中间大休息时学员可以在小卖部买面包等小吃充饥。而我们的教学员全部是住在校内的，吃午饭没有问题，6小时不吃饭反而不习惯。所以实行一年后也就放弃了。

1957 年授军衔后

第四是苏联顾问说，毕业班学员脑力劳动很辛苦，要吃中灶（当年还是供给制，食堂分大灶、中灶和小灶）。所以食堂就专门给毕业班学员开辟一个小餐厅让他们享受特殊待遇。但是当时的教员绝大部分是吃大灶，所以学员吃得比老师好。这个制度实行了一年，也就给废掉了。

第五是学习苏联的保密制度。军队的通信工作向来就是涉及军事机密的，作为军事通信院校，自然有许多需要保密的地方，例如各种军用电台的性能就需要保密，但是按照苏联的做法，有不少事是做过头了。例如，作为通信工程专业的一般无线电通信技术教科书，像发送设备、接收设备等，地方工科院校也采用同样的教科书，但在我们这里也当作机密，所以我们每人都有一个保密包。这些教材和笔记本等资料都必须放在保密包中。上班时到保密室去取，下班时送回保密室。

第六是苏联的官兵间界限分明。到了冬季下大雪后，我们所有学员早上都到院中扫雪。苏联顾问见到后说学员中一部分调干生是军官，不应让他们扫雪，但是这不符合解放军官兵一致的优良传统，引起了学校大多数领导干部的不满。

在"全面向苏联学习"的口号下，我对苏联的科技和苏联顾问是非常迷信的，认为苏联的什么东西都是先进的，但是慢慢地发现有些不太对劲。一次，苏联顾问给我们讲示范课，他讲到一种电台中的一个音频放大器是 C 类放大器。我早就知道它应该是 A 类放大器，因为 C 类放大器有很大失真，根本不能用在此处。下课后，我就向他提出此问题。他坚持说就是 C 类放大器。那时交流还要经过翻译，反复询问，最后不了了之。通过这个问题使我发现苏联派来的这个顾问在专业理论上是不合格的。

后来一次苏联顾问回国休假回来，送给我一支苏联制造的自来水笔。刚拿到手里很高兴，以为质量一定是一流的。把这支笔拿回来一试才发现笔尖异常粗糙，根本不好用，比我们上海造的差多了，就把它扔在一边。后来才晓得苏联的轻工业非常落后，不仅是自来水笔。在1956 年，我曾去天津 712 厂了解一种装备在歼五飞机上的从苏联引进的超短波机载 PCИУ3 型电台的生产和性能。我以为这是世界上最先进的歼击机机载电台。在歼击机上飞行员无暇兼顾去调整电台工作频率，需要预先设定几个工作频率并且把振荡回路调谐到这些频率上。制造这种"预调"机构是比较复杂困难的。这种性能的电台我国没有，更不会生产。西方国家对我国封锁，只有从苏联引进。后来我从学校的仓库中发现了一台二战时美军使用的 SCR522 型废旧机载电台，两者的"预调"机构原理完全一样，只是美军的更为精致。我这才恍然大悟，这种苏联电台是仿造美国的。那时苏军便携式电台中的真空管比美军电台中的真空管体积大，显得很笨重，得到的解释是苏联制造的真空管虽然大，但是可靠性高。这时把苏联的一切缺点和落后都往好处想，向好的方向解释；认为苏联一切东西都是好的，不但比中国的好，更比西方的好。现在看来，我当时的思想是相当幼稚的。

向苏联学习的另外一个小小变化就是学校内出现了"教授会"，这个名词也是从俄文翻译过来的，它实际上就是后来的"教研室"。我原来所在的"军用机实验室"隶属于学校的实习工厂，到1954年后就改为"军用机教授会"。不过，这个教授会中一个教授也没有。在这一阶段，教授会直属于学院，而各个系只在下面设学员班，各班设有专职班主任和指导员管理学员。系和教授会是平行的关系。通常我们教员主要和班主任打交道，沟通情况，较少和系主任来往。大约直至1958年后，教研室才隶属于系。

苏联顾问团由10人组成，一名总顾问，其他顾问分别到学院各机关和各系指导工作，我所在的无线系也有一名顾问。学校为这10名顾问盖了一个苏联顾问楼，即今日的老校区靠东院墙的6号楼。楼中为每个顾问分配一个带浴室的两居室套间，给顾问及其夫人住；只有总顾问的住房有四五间居室，面积加倍。楼内还设有餐厅、台球桌、跳舞厅、冲洗照片的暗室和警卫员的宿舍及值班室等。房间内均铺有羊毛地毯。

当时学院是军队编制，设有训练部，其职能相当于今天地方院校的教务处。到训练部指导工作的一位苏联顾问叫杜克。他虽然也带有夫人，但是寻花之心仍然不减。他对训练部的一位女打字员极有兴趣，经常有事无事地去这位打字员处转悠，或者找她去他办公室谈话。由于语言不通，他们之间交流还是要通过翻译的。不过也许苏联人的风俗习惯和中国不同，这位顾问在办公室内居然通过翻译说想要和这位女打字员接吻。有时把这位顾问的夫人找来，但是夫人也管不住她的这位风流丈夫。后来，看到无人能管住这位顾问，学院只好请示上级把这位女打字员调到北京去了。这位顾问发现此打字员不见了，得知调到了北京，于是大发雷霆，但也无计可施。这一风波就此平息了。

那时向苏联学习也不是毫无裨益。苏联的重工业基础到底还是比中国强。苏联帮助中国建立了一百多个工厂，特别是重工业基地。在电子工业方面，帮助中国建立了真空管、电阻、电容器等元器件工厂以及通信机和雷达等整机工厂。这些东西中国原来都不会生产的。苏联顾问为我校制定了训练（教学）计划，使我们知道一个现代化的军事工程学院应该如何组织教学和训练，减少了我们摸索的过程。在引进苏军新型电台后，苏联顾问为我们上课，讲解这些电台的原理，使我们获得了许多新知识。而我们又用这些新学到的知识去给学员讲课。

在上世纪五十年代初期，一般电台中，若采用电感和电容组成的振荡回路决定振荡频率，虽然频率容易调整改变，但是频率稳准度不高；若用石英晶体决定振荡频率，虽然频率稳准度很高，但是振荡频率不易改变。1956 年左右引进的苏联电台中开始采用了由石英晶体决定频率的"频率合成器"解决这一矛盾。当时苏联称其为"不连续频谱激励器"，它的频率稳准度决定于石英晶体，但是振荡频率又容易改变。这种激励器中还采用了过去没有听说过的"锁相技术"。当时苏联顾问为我们讲解了这种新型激励器的原理，使我们茅塞顿开。

苏联顾问基本完全按照苏军那所通信学院，为我校规划设计了在西安的新校园，这个成绩也是主要的。新校园中有两栋楼房下面盖有三防（防核武器、防化学武器、防生物武器）的地下室，虽然从来没有用过，但是为我们的建筑提供了经验。新校舍完全按照苏联标准设计，某些地方似乎脱离了中国落后的现实。例如，在供应师生饮用开水上，采用的办法是从远处集中供热的锅炉房输送高压蒸汽到教学楼，用高压蒸汽去加热各楼层设置的大水桶中的冷水。这种办法虽然很清洁、很方便，但是每天为烧开水要消耗 8 吨煤。后来还是改成在教学楼附近盖个小锅炉房烧开水，由个人提暖水瓶下楼去打水。

人民解放军从 1955 年开始正规化。除了全面向苏联学习外，为加强部队正规化训练，我本人感觉到的最明显变化就是，每天起床后增加两个半小时的队列教练，在操场上练习立正、稍息、向左转、向右转、向后转、齐步走、正步走等；然后再吃早饭和上课。这样的训练大约持续了一年。正规化的另一个重要步骤是授予军衔。我们这批大学生参军后，先是实习两年，在此期间享受"副排待遇"，两年后算是"副排级"。在 1955 年开始实行军衔制后，我被授予中尉军衔。在开始换装，佩戴武装带、肩章和领章后，还学习苏联军队的做法，每人配发了手枪。开始领到手枪后，大家都非常新奇和兴奋；但是不久后就因为时时枪不能离身，觉得麻烦，又怕丢失，就有些厌烦了。过了一段时间，这种做法就撤销了，手枪被收回了。

在这一期间，有一件使我印象深刻的突发孤立事件。另一教授会有一位教员，年龄和我差不多。他突发奇想，全副武装，佩带手枪，用私盖教授会公章的介绍信，前往长春第一汽车制造厂参观。这位年轻的教员并不晓得，我们教授会的公章是内部用的，不能对外使用。第一汽车制造厂的接待人员当然懂得，他们见到这位突来造访的军人，自然产生怀疑；于是工厂的保卫人员不动声色，陪同参观，静观来人的行动，推测其动机和目的。参观完毕，工厂平安无事，但是这位教员立即被拘留下来，后来被判刑了。这件事情在校内公布后，给大家敲响警钟，千万不能用这身军装和枪支在外招摇撞骗。

1955 年起我开始教五年制的工程班课程了。在 1955 至 1958 年间，为了加强师资培养，学校办夜校（及利用业余时间）组织在职教员进修。这实际上相当于今天的研究生班，由资深教师讲授研究生课程和新技术。我在这些进修班中学习，学业上得到了很大提高。1959年后，由于政治空气转向，这种进修班逐渐偃旗息鼓了。

十九 1957年公私两件大事

1957年有两件大事，分别关系到我个人和国家。第一件事是我于1957年1月结婚了，对方是我校同专业的教师陆心如。她于1950年考入南京大学建筑系，在南大只读了半年，到1951年初因朝鲜战争需要而参军，被分配到张家口的军委工程学校（第二年改为通信工程学院）学习，于1956年毕业。她原应低我两届毕业，但是因为参军耽误一年，又是五年学制，比我多一年，所以比我晚毕业4年。她过去曾是我的学生，在她毕业前一年，我教过她们班，但是不是许多人

陆心如

想象的"师生恋"。她在毕业留校任教后，我们才有接触的。当年在部队中的婚礼非常俭朴，没有婚纱，没有婚宴，没有购买家具，只是在教室中举行一个简单的仪式；当然提前要到地方政府办理结婚证。

顺便说一下，1955年解放军正规化前，团以下干部是不允许谈恋爱和结婚的。我们毕业分配工作时，凡是有恋爱对象的，都予以照顾，分配到地方院校和工厂工作；其他符合军队要求条件的学通信工程的大学毕业生全部被分配参军了，因为那时朝鲜战争还没有结束，军队急需通信人才。在1955年之前，有同事曾经要给我介绍女朋友，因为违反部队规定被我老老实实地拒绝了。若部队没有这项规定或我不遵守这项规定暗中谈恋爱，也许我的小家庭就是另外一种样子了。

陆心如的父亲陆绍云，1894年出生于江苏省川沙县的一个书香

门第，1915 年赴日本留学，入东京高等工业学校，攻读纺织技术，以优异成绩获得学士学位。1921 年回国后，一生从事纺织工业生产和技术创新，曾在天津宝成第三纱厂、常州大成纱厂、汉口大成第四纱厂、上海第七棉纺厂等多家纺织厂任总工程师兼厂长；抗日战争期间在重庆时，由黄炎培、胡厥文介绍，参加中国民主建国会。他于 1988 年去世，享年 94 岁。陆氏家族的始祖是战国时期齐宣王的小儿子陆通，他原来姓田，

陆绍云

受封于齐国的平原陆乡（今山东陵县西南）后，才改姓陆。陆绍云是齐宣王的第 73 代孙。陆心如的母亲马明照出生于常州市名门之家，毕业于某高等师范学校，在文革期间因病过早离世，可能与心情不好有较大关系。

2010 年祝贺陆钟劲米寿合影

（前排左起：樊昌信、陆钟毅、陆钟劲、闵恩泽、陆钟武；后排左起：陆心如、李琴芳、邱锦来、陆婉珍、王春梅）

陆心如有三个哥哥和一个姐姐。大哥陆钟劲也是纺织工业专家，曾任北京国棉一厂总工程师，于 2011 年去世。二哥陆钟毅一生研究航模，曾获 1979 年第四届全运会航空模型比赛冠军，创世界纪录。

三哥陆钟武是冶金热能工程和工业生态学专家，曾任东北工学院院长，1997年当选为中国工程院院士。姐姐陆婉珍和姐夫闵恩泽两人大学毕业后于1947年赴美深造，1951年获博士学位后留美工作，1955年应父亲召唤回国参加祖国建设。陆婉珍是石油化工专家，1991年当选为中国科学院院士，曾任石油化工研究院总工，1983、1990年两次被评为全国三八红旗手，1983—1984年被选为全国妇女代表大会执行委员。闵恩泽曾任石油化工研究院院长，1980年当选为中国科学院院士，1994年当选为中国工程院院士，1993年当选为第三世界科学院院士，是我国炼油催化应用科学的奠基者，被誉为"中国催化剂之父"。他曾担任中国科学家协会理事长，获得胡锦涛颁发的2007年度国家最高科学技术奖，同年被评选为"2007年度感动中国人物"；2010年国家天文台将新发现的一颗小行星正式命名为"闵恩泽星"。

2014年和闵恩泽合影

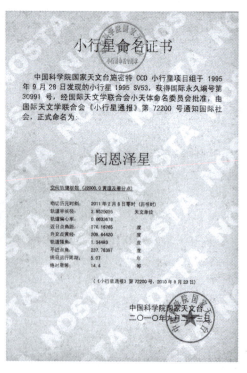

闵恩泽星命名证书

　　1957 年的第二件大事是"反右派"运动。在反右派之前有整风、大鸣大放、大字报、给党提意见阶段。凡提意见较多、较尖锐者，不少成为"右派"。那时候我恰好工作繁忙，基本上出差在外。等我回校后，鸣放已经接近尾声。不过，即使我不出差，我想我也不会鸣放什么值得"批判"的东西出来。这时我在思想上只对自然科学感兴趣，政治上还很幼稚无知；要我写大字报只能应付，写不出什么名堂来。在反右派过程中我没有想到后面还有划分"右派分子"以及对"右派分子"如此严厉的处理的阶段，只是天真地认为仅是思想上的批判而已。

　　在反右派过程中，校内最大的"右派分子"可能是物理教授会的教员罗恩泽了。我和他虽然不在一个教授会，但是却来往密切，因为我们同是当时教授会俱乐部的宣传干事。俱乐部在当时的解放军基层中都有，主要工作是开展业余文体和宣传活动。我和罗的主要工作是出黑板报，包括收集和编辑稿件并抄写在黑板上。罗的字写得好，他也非常热心于俱乐部的工作，所以写黑板报的事就完全落在他的身上。我们两人每星期都要碰头，讨论出版黑板报的事。在鸣放期间，他贴大字报给学校写了 28 条意见，因此受到全校的大会批判。等我出差回来时罗恩泽的大字报已经残缺不全，没有来得及看，所以我算是平安度过这一狂风巨浪。

　　此外，当时我正在教的一班学生共有 27 名，其中一名叫朱怀德，他在反右派运动中不幸自杀身亡。他们学员班中的运动开展情况我一点儿都不了解。我只知道有一天他失踪了，全院到处都找不到他的踪影。后来有人反映说那天清晨看到有人爬上了院内锅炉房的大烟囱，于是打开烟囱下面的除尘门，找到了他。原来他跳入了烟囱内部，烟囱底部积满的煤灰把他的身体几乎完全淹没。这是一位学习优秀的学员，以这样的方式满怀悲怨地结束了自己年轻的生命，是非常值得惋惜的。

　　除了上面两件大事外，在 1957 年还有一件我生平第一次经历的事——住院。那年春季我的牙齿出了问题，即左右两边下颌的智齿向前生长成为"阻生齿"，医生说要拔除，而且上颌对应的两颗智齿也要同时拔掉，否则上颌的牙会不断向下长。因为要同时拔掉 4 颗牙，故需要住院拔牙，所以校医把我送到张家口的解放军 251 医院。在 2014 年我路过张家口时，打听到这个 251 医院仍然在那里。和现在比较，我觉得那时候医院的护理条件和环境要好很多。我住在牙科病房，一个房间虽然有 6 张病床，但是始终只有我一人住。前后大约住了五六天。先是观察两天，每天只是量一下体温和血压等。第三天才开始手术，打麻药后，没有疼痛的感觉，但是因为新生的大牙很牢固，只听得医生用榔头和凿子用力敲打的声音，把牙齿凿碎后才一点点取出。拔牙后又住了两天医院，记得第二天起床时发现被头上有不少从口腔中流出的血迹。这是我一生第一次住院，我第二次住院是在我七十三岁时，中间间隔了 46 年。

二十　学校搬迁

1958 年暑假，学校从张家口迁到西安。我是第一批随着实验室设备一起走的。当时我们是乘"闷罐"火车，就是那种铁皮货车车厢，路上走走停停，共走了三天。后来出发的大队人马则是乘正规的客车，有卧铺车厢了。到西安后，看到新校区很高兴，比张家口的校舍好多了，全部是新建的楼房。房舍虽然基本全部盖好了，但是校内的道路、操场和房前屋后的空地等还没有修整。暑假后，全部人马到齐，就开始了三个月的全体师生建校劳动，平整校园和操场，打扫室内卫生；然后才开始正规的教学和训练工作。

搬到西安后，食堂的面貌一新。记得当年的食堂管理员叫徐梅虎，他的工作非常值得称赞。在他的主持下，每周末都定出下一周七天的菜谱，每餐有四个不同价格的菜可以供大家选择，最贵的菜两毛五分钱，最便宜的五分钱。每人可以预定一周的菜。到开饭时，固定位置八人一桌，进入食堂时预定的菜已经放在每人的桌上。吃完饭站起来就走，不必洗碗。碗筷都是由炊事员清洗消毒。饭钱每月一结。所以那时候，即使是节假日，大家都不必、也不想自己做饭。我们住的尉官家属宿舍是几家公用一个很小的厨房，因为大家基本上都不做饭，所以厨房大都是空闲的。但是这种好景不长，到三年困难时期就大相径庭了。

到西安后，生活和工作条件有了极大改善。校园内的工作场所当时主要是一座主楼（现在仍然称作主楼），所有的办公室、教室、实验室、图书馆都在里面。主楼分为九段，各段之间内部连通，中间最高六层，边上最低三层。我们初进这座大楼办公时，有如走进迷宫，时常走错方向；大约经过一个月后才完全不会迷路。这座大楼当年在西安市应该是最高最大的。据说由于西安地区处于地震带，五百年前曾发生过关中大地震，所以不允许盖更高的楼房。除了主楼外，还有宿舍、食堂、理发室、洗衣房、澡堂、仓库、实习工厂、锅炉房、校医院、汽车队、花房等不少建筑分散在校园内。在校园外，还有打靶场、养猪场、马车班等。（当年按照部队编制除汽车外，还有马车，但是我从来没有见过马车如何使用，可能只是运输一些后勤物资。）

干部和教员的宿舍也是参照苏联的标准设计的。已婚尉官是几家合住一个单元，单元中有六间住房，每间使用面积 10 到 12 平米不等，以及两间 1 平米左右的小厕所和一间小厨房。开始时，像我这样的两口之家，分配给两间住房，一年后因为房源紧张，只分给一间了。少校和中校每家住一个独立单元，有三间小居室、一间小厨房和一间厕所，总使用面积大约 40 平米。上校和大校住房是有四间居室的单元，并带厨房、浴室和厕所，总使用面积大约五六十平米。校园内还有一座楼称为将军楼，是给院领导住的，每个单元有五间大居室和厨房、卫生间等，总使用面积大约 80 多平米。这样的居住条件比张家口的营房有了很大改善。

但是，搬到西安后不久，政治思想环境越来越不利于业务学习和教学，政治运动一个接着一个 ——"大跃进"、"四清"、"社会主义教育"……全国经济形势也越来越困难，直至 1966 年的"文化大革命"。1958 年的"大跃进"席卷全国，校内大操场上也建起了炼钢炉，结果是炼出许多废钢。我因为科研任务紧张，要"献礼"，没有参与炼钢，但是连夜加班搞科研，后半夜实际上已经是在打瞌睡，没有丝毫效率。这种流于形式的做法，实是劳民伤财，但是当时没有人敢反对。

在 1958 年我遇到一件难以忘却的事。我出差到北京，住在前门附近的一个总参招待所。那时在招待所中也是多个互不相识的人同住一个大房间的。我的旅行袋就放在我的床头。一天下午当我回到招待所时，发现我的旅行袋不见了。我马上去招待所办公室向值班人员报告。值班员要我不要着急，他估计可能是我同室的那些人下午走时拿错了，并且他还记得为他们代买的火车票的车次和卧铺号。他马上向北京火车站的军代表室打电话，请他们代查此事。这时这趟火车已经开过山海关了。军代表马上向这趟火车的前方停车站通报。后来，乘警在车上按照我说明的旅行袋颜色和军代表说的卧铺号在行李架上找到了我的旅行袋，但是乘警不动声色，静观其变。等到这些人下车拿行李时，我的旅行袋没有人拿，他们互相问是谁的旅行袋，没有人要，这时乘警走过来说我知道是谁的，把旅行袋拿走了。原来他们临走时送行的人帮助他们拿行李，把我的旅行袋也错拿上车了。这些都是招待所的值班员告诉我的。我第二天就要回西安了，值班员说没有关系，等旅行袋送回来后，可以托我校其他出差人员帮我带回西安。过几天，我在西安就收到了同事帮我带回来的旅行袋。我看旅行袋上面的小锁完好未动，但是当我打开旅行袋后发现里面多了一张小纸条，上面列出旅行袋中物品清单，可能是经手的警察写的。我查看后发现东西一件未少。对当年招待所的值班员、火车站的军代表和火车上的乘警这种认真负责、为人民服务的精神，我一想起来就非常敬佩。

上面这个小故事说明当年的社会秩序良好、民风朴实。我总想，若今天我再遇到类似的事情，还会出现这样的结局吗。

1958 年还遇到一件难以忘怀的事。我去南京 714 厂出差。在那里得知，曾经在该厂见到过的比我低两届的北大校友蒋××，因为在工作中烧坏了一个真空管，以破坏军工生产罪被判刑入狱。这使我非常惊讶，从来没有想到过因为工作失误，会得到如此重的惩罚。无独有偶，后来听说大约在 1960 年前后，我的一位北大学长刘××在重庆无线电厂也是因为同样原因被判刑 10 年。

到 1959—1961 年三年困难时期，恰值学校要大发展。大量增加招生后，学生宿舍不够用，就要求单身教员搬到办公室住，腾出房子给学生；我住的家属宿舍，也从两间房压缩到一间。这时有的老教师一家三代七口人也住在约12平米的房间内，其拥挤程度可想而知。学校食堂吃饭也发生危机。由于缺油少肉，大家的食量大增。幸好部队的粮食定量比地方高很多——军队每月45斤，地方是27至30多斤。这时为了怕大家抢馒头，食堂把馒头做成定量（4或5两）大小的，每人发一个，我能吃饱，但是有些人可能一个馒头不够。有一段时间学校动员大家到附近农田去挖野菜，回来放在粗粮粥里当作晚饭。

樊洪敏

1960年我唯一的儿子樊洪敏诞生了。由于我们夫妇两人都在军队学院任教，每天从早忙到晚，早起要做早操，晚饭后仍要去办公室工作学习，没有办法带小孩，学校的托儿所只收三岁半以上的小孩，所以儿子生下后就放在北京我四姐家请她代为抚养了约一年半多，然后送到上海外婆家，直到三岁半后才接回西安，进学校的托儿所。不过当年的托儿所办得的确不错，还是全托。每周一早晨把孩子送去，每周六下午接回家。记得一次儿子患传染病猩红热，所以托儿所把他安排到一个单间隔离开，有专门的阿姨照顾，而且周末也不必接回家，但是我们平时有空可以随时前往看望，直至痊愈我们一点儿没有操心。1966年暑假，儿子到了上小学的年龄，但是碰到了文化大革命开始，学校不招生了。等到儿子八岁时才能上小学。樊洪敏算是子承父业，在我任教的学校从托儿所、附小、附中，一直读到大学毕业，取得学士学位，和我是同一专业。后来到美国天普大学（Temple University）学习，取得硕士学位，并在美国工作至今。

顺便说一下，我感觉当年（1957年反右派运动之后）军事院校中的知识分子好像是被当作"另类"对待的，因为军队是执行"以工农为骨干"的建军路线，似乎知识分子不是工农，不能作为骨干，所以教研室主任和系的正、副主任以上几乎都是"工农干部"。在校内没有一个解放后参军的知识分子能够担任教研室副主任以上的职务的。

　　若干年后回想起来，事物都是一分为二的，这样做也有个很大的优点：正因为主要领导者是打仗出身的外行或半外行，其中许多人反而能够虚心听取知识分子在学术上的意见；文革后学校由知识分子当校领导，反而容易发生自以为是、主观武断的情况，认为自己是内行，听不进下属的意见和建议。我校的"工农干部"大都是战争时期部队的通信干部，许多都是报务员出身。当报务员必须识字，有一点儿文化，所以一般至少是上过小学；他们在学校工作，执行知识分子政策还是比较好的。按照我的推想得出的判断是：在解放前，部队里的小学生也是知识分子；不过他们打过仗，经过考验，所以可以成为部队的"骨干"。一些解放前参军打过仗的干部，解放后受了高等教育，和我们这些没有打过仗的大学生不一样，仍然是可以作为部队骨干，担任学校各级的"正"职领导的。这样的推论不知道是否正确。

　　1960年起，因中苏关系破裂，苏联专家从中国撤走。从此时开始苏联的影响逐渐减小，在教材和教学计划上也慢慢向英美国家的体系转变。因此，我大约学用了十年的俄文开始退出教学舞台。于是我开始捡起我的第一外语——英文，丢掉俄文。现在已经把俄文忘得精光，大约只记得俄文字母了。不过，多年学习俄文还是有成果的：1963年我翻译的俄文科技书《无线电中继通信》由人民邮电出版社出版了。

二十一　学校分家

继1960年学校改名为"中国人民解放军军事电信工程学院"后，1963年秋季学校迎来了一次大变革。学校人员被平分为两半，一半迁到重庆，新建一所通信学院仍归总参通信部领导，另一半留在西安，校名不变，改为归属于国防科委。从1953年到1963年，这十年学校为总参通信部培养部队所需要的高级通信技术人才。按照当时苏联的说法，是为部队培养"维护工程师"；在苏联类似的部队学校，学员毕业后马上授予"工程师"头衔。因此，在课程设置上，像无线系专业课程中，最后一门是讲授部队装备的一系列通信机的原理和应用，使学员毕业一到部队马上就能熟悉部队实用的各种设备。我就是最后这门课"军用（无线通信）机"的主讲。

"军用机"这门课程涵盖了当时陆军和空军装备的各种型号的通信设备，从连队使用的手持或背负式移动电台，到大功率固定电台；从歼击机上的通信电台到坦克里的电台，全都是课程内容。由于课程内容必须和部队装备同步更新，所以虽然是同一门课程但是讲授内容不断更新，所以似乎每年总是在讲一门新课。因此备课工作量一直很大。此外，由于这门课涉及发射机、接收机、天线、电波传播，甚至与天线架设方位有关的天文测量等技术，故多年来一直需要学习和更新知识。附带想到，我在大学读书时的课程设置原来有一门"土木测量"，目的就是学习架设天线时测量天线方向的方法；但是我们班在上这门课之前，因课程改革而取消了。

1963年秋季，学校归属国防科委后，学校的教学任务发生了变化：从为部队培养"维护工程师"变成为国防研究所和工厂培养研究设计人才；并且我开始被任命为教研室副主任。学校任务的改变不是突变，是渐变的。从1958年"大跃进"开始，学校就掀起了科研高潮。师生结合的各种各样的科研小组纷纷成立。学风逐渐发生变化，毕业考试也变成了毕业设计。到1963年学校体制的变化成为了培养任务改变的标帜。

随着这一变化，"军用机"课程自然没有了。我讲授的课程也不断改变，在这一阶段我开设过"微波技术"、"无线电多路通信"等新课程，也讲过为教员进修开设的通信原理方面的课程。在这些课程中值得一提的是"无线电多路通信系统"；这门课程应该说在国内是由我于1960年后首先创立并编写出教科书的，也不知道在国外大学有没有开设这类课程。后来，成都的一所高校和哈军工的老师都来"取经"，并使用我编写的教材开设了这门课程。有意思的是，后来我发现有署名为"成西津"的著者，在天津一个出版社翻印我编写的这本书。经过调查发现，所谓"成西津"乃成都、西安、天津三地的缩写，意即由成都某高校在天津翻印的西安的书。当年没有版权一说，也没有稿费，所以对于偷偷翻印只能付诸一笑而已。

这时学校在指挥系中成立了一个"高工班"，即高级工程班，招收军队高级指挥干部按照工程系的教学计划培养。第一届入学的学员都是中校和上校军衔的干部，不少都是原来经过长期革命战争考验的各大军区通信主任一类的干部。我被安排去主讲"无线电多路通信"这门课程。虽然上面要求按照工科大学本科的水平培养，但是由于他们的数理基础实际上有差距，所以教材和讲课内容虽然一样，但是考试要求还是有所降低。

当时我的军衔是大尉，比这批学员的军衔低得多。但是，学校领导对这批学员要求很严格，要求他们必须尊重教员，上课要给教员敬礼。他们确实做到了这一点，对我们年轻教员非常尊敬和有礼貌。这一班学员大约有20多人，可能是因为正值三年困难后期，营养不良，其中绝大多数都得了肝炎。我曾经有顾虑，但还是经常去他们宿舍辅导答疑，居然没有被传染上。

二十二　转业和文革

1966 年 4 月 1 日，在"文革"开始前一个半月，学校又经历了一次大变革，即从军队编制集体转业，校名改为"西北电讯工程学院"。我从一名军人变回了老百姓。对我们个人而言，转业在经济上的变化就是薪金降低了，学校的经费也减少了；从教学和学术上看转业是有好处的，没有军队管理时的那么多要"保密"的地方。学校和国内外同行的学术交流方便多了。在 1963 年时，我遇到一位大学同班同学，他在一个电子工厂工作，交谈中发现我们两人的薪金是一样的，虽然一个在军队，一个在地方工作。一年后 1964 年，林彪当国防部长时，他认为军队待遇高，脱离群众，就下令取消军衔并减薪定级，于是我的薪金就相当于比他低了一级。到 1966 年转业时，薪金相当于又低了一级。所以比我同学大约低了两级。那时薪金每级的级差只有十多元，所以两次减薪只减了二十多元。不过，那时工人的最低工资只有三四十元。

提到林彪，使我不由想起"文革"中听到一次传达他的讲话。"文革"中知识分子被叫做"老九"，排在地、富、反、坏、右、叛徒、特务和走资派之后，而工、农、兵被当做最有知识、最聪明的人。在通信部队中，许多战士搞技术革新，使用军用金属水壶、金属洗脸盆等当做电台天线，认为是发明创造，并开鉴定会请一些天线专家去鉴定。在这种政治气候条件下，没有专家敢否定这些"发明"。于是林彪在这次讲话中就表扬这些战士和发明，他说："看来有初中文化就够了！不必办大学。"因为我的专业是通信工程，当然不相信这些所谓的"发明"，所以对林彪的讲话不以为然，但他的这次讲话却深深刻印在我的记忆中。

在"文革"的十年中，和全国人民一样，我自然逃脱不了这场"史无前例"的运动。当时，作为教研室副主任的我，"走资派"和"反动学术权威"两顶帽子是必不可少的。幸运的是，我没有受到游街、"戴高帽"及殴打等肉体折磨，仅仅是被造反派关"牛棚"，受"文斗"（"批判"）而已。学校的"牛棚"分为三级：院级、系级和室级。院级关的都是院、部级的领导干部和对立面群众组织的头头。我是关在系级。所谓"牛棚"就是把这些人集中关在学生宿舍里。我住的房间有四张上下铺的床，共住8个人，其中有2个学生，1个工人（炊事员），1个系副主任，1个系干部，3个教员（包括我）。学生都是因为老子被打倒，儿子就成为了"反动学生"，其中一个学生的父亲是南京军区的政委萧望东，另一个学生的父亲是北京市委的常委郭××。那位被关起来的炊事员在解放前原是地主的长工，被认为是"地主的狗腿子"。可笑的是，他是文盲，造反派要学生教他背毛主席语录，教的第一句话是"领导我们事业的核心力量是中国共产党"，他反复多少遍，总是说不对，把几个词语颠来倒去，弄得大家哭笑不得。

在"牛棚"里，虽然苦恼，但是当时因为与掌权的造反派对立的大量人被关、被游街，所以我也就没有太郁闷了。幸亏我们这里的造反派还不是最野蛮的，对我们的管理也不是最严格的，所以我们8个人关在一起，有时也有小小的"快乐"时光。大家有时互相开玩笑，有时打个赌。平时我们吃饭不许买荤菜吃，只准许买食堂里最便宜的菜，但在星期日无人看管时，会由老师出钱，让"反动学生"偷偷跑出去买猪肉罐头，回来分食，以补充肚里的油水，这也算是有钱出钱，有力出力。有一段时间，造反派安排我们去大食堂帮厨。这是较轻松的活，无非是择菜、揉馒头等工作。在这里我不但学会双手揉馒头，还学会了擀馄饨皮。食堂炊事员对我们一般都是友好的，不会为难我们。后来，造反派怕我们投毒，又不让我们帮厨了。由于造反派把我们当作"反革命"分子看待，所以每当毛主席发表"最新指示"，全校

"革命"师生不分昼夜集合去市内游行庆祝时，我们是没有"资格"参加的，我心中反倒为不必辛苦奔波而高兴。在全国每天大跳"忠"字舞的时期，我们也因为是"反革命"而没有"资格"参加，我心中暗暗自喜，我正不想跳这种难看的舞呢。和我们不同的是，另外一个系里有一位留美回来的教授，被关在教研室一级（最低级）的"牛棚"里，只有他一个人被关在一间教室里。可能是一个人太孤独，太郁闷，太想不开，无处倾诉心中的苦闷，在关"牛棚"接近尾声，我们从院子里大喇叭听到了落实政策的新闻广播，都已经看到曙光时，他却悬梁自尽了。消息传来，我们非常难过和不解。我们想若他和我们生活在一起，绝不会走这一步的。或许他有更为高尚的人格，有"士可杀不可辱"的精神，更值得我们学习?!

二十三 三次下乡

"文革"开始后，学校停课，停止招生。在此期间，我还下乡三次。第一次是参加"教改小分队"，到陕西省眉县汤峪公社刘家什大队"接受贫下中农再教育"，向贫下中农学习。从西安出发到汤峪公社我们是走去的，共计110多公里，走了3天。我们的队伍有二十多人，把行李都集中放在一辆架子车上，人空手走。造反派的头头为了"惩罚"我和另外几个人，分配我们几个人拉这个架子车。结果适得其反。因为我们几个人拉车单独走，离开大队人马，没有造反派头头的监督，有时路上遇到农民的空马车，农民就让我们坐上马车，由马车来拉架子车。此外，拉车在平路上走时，只要车轮转起来，车子有惯性，反而感觉走得轻松。

到生产队后，我住在一户农民家里，农民把最好的瓦房腾给我们住。每天轮流到各家吃"派饭"。后来我才想明白：那时农民也弄不清楚我们这些"干部"到那里去的目的。从农民角度看，城里人是高高在上的，不敢对我们"非礼"。所以生产队长大多让我们参加妇女组的劳动，干些轻活儿，想干多少干多少，日子过得比较轻松。那里距离最近的镇子是槐芽镇，走去大约要两个小时。我有时也去那里逛一逛，买些日用品和打打牙祭。镇上没有什么好吃的，一般我去的那里的饭馆只有炒鸡蛋好吃。当地的民风仍很朴实，两毛钱一大盘炒鸡蛋，放的油又很多，非常实惠。住到这里才知道陕西农村的风俗习惯，原来这里农民家中是没有男厕所的，女人在后院中或在猪圈中方便，男人就到田里解决。我第二次下乡时住的农民家的隔壁一家，在家门外路对面有一个土墙围起来的几平方米小院子，好像是厕所，我没有过去看过，但是我曾经远远看到过那家的一位老太太在这个土墙外的路边就蹲下撒起尿来。

眉县地处黄土高原，沟壑纵横。刘家什位于一条深沟的一侧。老乡告诉我 50 年前沟内林木密布，一眼望不见沟对面；现在树木则已经被砍光。若再不重视水土保持，再过 50 年不知这里要变成什么样子。我在那里期间，巧逢一家娶亲。事后得知当地的惯例是送礼在 2 元钱以上的人将被邀请"坐席"。我送了一些剪纸和本子等东西，被认为达到 2 元的门槛了，所以被邀请入席。酒席是八个人一桌。酒是白酒，但是可能被稀释了八倍，所以尚不及啤酒的度数。桌上有 4 大盘冷菜，其中一盘表面上是大肉，下面都是豆腐，这在农村已经是不容易的了。大家主要是吃面。一大碗汤面，碗中汤多面少，但是主人多次嘱咐我不要喝汤。原来这种面在陕西叫"涎水面"，客人用筷子捞出碗里的面吃完后，主人把碗里的汤倒回锅里，在碗里加入面条后再把汤浇上。这种面似乎不太讲卫生，不过锅里的汤一直在沸腾，可能病菌都被杀死了？总算见识了关中农村的婚礼，值得一提。在生产队里也来了一些知青和我们一起劳动。一次，劳动休息时一个知青问我："我们要在农村待多长时间？毛主席也没有说要我们在农村待一辈子呀？"我无言以对。我们在那里住了不到半年就撤退回学校了，也不知道那些知青后来去哪里了。

在刘家什大队期间，大队领导还曾经要我帮助他们训练青年民兵。我想对于当过十多年兵的我来说，这不是什么难事，但是当这村子里的十多个青年人集合起来后，就发现根本没有我想象的那么简单。这些二十岁上下的青年人从来没有上过学，连小学生上早操的动作都不会。在部队中教战士队列训练的办法，我是非常熟悉的。例如，最基本的"向右转"，要以右脚的脚跟为中心，由左脚的脚尖用力使身体向右转动。这个动作在我示范后，经过多少次的讲解和指导，这些年轻人基本上都学不会。训练最后是无疾而终。

第二次下乡是 1969 年 10 月林彪发布"1 号命令"后，全校疏散，我们全家三人到了陕西省眉县小法仪公社小法仪大队。这次是学校安排用大卡车拉去的。我家被安排到一个生产大队长家住。他也是把最好的两间瓦房腾给我们住，他们自己住窑洞。这次来的人比较多，因为造反派也得疏散。但是，造反派们都是住在小法仪公社北部较富的平地处，我们则住南部的"塬上"。塬是高地，与平地相比是较贫困的。从平地去塬上要爬很高很窄的一条土路。在下雪天这条唯一的通路是不能走的，只能被封锁在塬上。

到达当天黄昏，我在院中用蜂窝煤炉做晚饭，房东看见非常奇怪，因为在农村男人都不做饭。后来，学校和生产队协商后，通知我们，因为我们粮食定量少（每月 30 斤），每天只须劳动半天。实际上，没有人管理和督促我们劳动，劳动流于形式。这里距离汤峪温泉不远，可以去洗澡。走去要翻过一个小山头，再经过一座小桥就到了，单程大约需要一个半小时。我大约半个月去洗一次。温泉处有一排平房，门票大约 2 毛钱，每间屋子里有一个用砖砌的浴池和一张长椅。温泉水温约摄氏 70 度，太烫了无法进入浴池。为了降温有两个办法：一个是从室外的水田引入冷水，另一个办法是坐在那里等水自然降温。我嫌水田中的水不干净，只好坐等水降温，好在时间不受限制。这里的卫生条件表面上看来不错，但是有一次洗澡回去后我发现衣服上有虱子，这可能是洗澡时衣服放在那张长椅上造成的。以后再去洗澡我就不敢把衣服摊在椅子上了。

平日来这里买票洗澡的人屈指可数。在温泉院子里有个水管子，不时有一些年轻农民姑娘在那里弯腰低头免费洗头。当年这里有小桥流水、有重叠山峦，非常幽静，鲜有人影，一片优美的自然风光，除了那一排简陋的温泉浴室和一座小桥外，没其他人为建筑。二十多年后，和学校师生再去那里旅游时，已经是一片楼房和街道，人流熙熙攘攘，寻觅不见当年优美的自然风光了。

在娱乐方面，由于我校下乡的教师居住分散，为了打桥牌消遣，我们必须约好四个村子各一人聚集在一起，才能打。这是我自在北大三院学会打桥牌后第二个打桥牌的时期。这次为了打桥牌要走较远的路了。在伙食方面，一次农民有一头摔死的牛被我们学校的头头用了二十多元买了下来，把肉分给大家吃，牛皮留给农民。我家分到好几斤，吃了许多天。我校的老教授胡征，和我住在同一个村里。他一次去镇里看到有卖熊肉的，熊掌5元一斤，熊肉2元一斤。当时农民一天劳动的工分才合几分钱。他没舍得买熊掌，只买了一斤熊肉回来，炒熟后送给我一点尝尝。这是我有生以来唯一一次尝到熊肉的味道。这次下乡好像是到农村度假。

住了三四个月后，据说是要开展抓"五一六分子"运动，就全体搬回学校了。住在小法仪公社期间，还有一个小插曲值得一提。冬天我们住的房子要用稻草烧热炕（注：实际上，为了除湿气在夏天农民也常常要烧热炕）。一天我正站在大门口，看见一位年轻邻居背一大捆稻草从门前经过，下塬去卖，我就向他买了这捆稻草。后来，一位老师居然向造反派"告密"，说我买了地主家的稻草，和地主阶级没有划清界限。而我根本不知道这个年轻人是地主的后代。这是在"文革"结束后我才听说的。俗话说：知人知面不知心。通过"文革"却能够知道"人心"了，这可能是"文革"的唯一好处。

我第三次下乡是去学校的五七干校劳动。我校的五七干校位于眉县县城附近渭河滩上。在干校初建时，据说教员不算"干部"，我们没有资格去干校。到干校劳动的都是学校的工农干部；那时我们是到农村去接受贫下中农再教育。第一批去干校劳动的干部是非常辛苦的，他们要盖房子、开荒、修水渠等，干重体力活。等到校内的"干部"分批去干校劳动，都轮流完了之后，我们教员也算"干部"了，也分派我们去干校劳动了。可是这时干校基本建设已经完成，我们等于是去"享受"他们的辛勤劳动成果了。

开始去时我被分配到渭河河堤边的一个水泵站看管水泵房，这是一件非常轻松的活。河堤上一间小房住三个人。因为离开干校本部较远，需要自己做饭吃。所以三人轮流值日做饭就是我们的主要工作。那时水泵并不开动，所以水泵房大门紧闭，而且那时治安良好，故不用去管。住在这里形同度假。我们每天除了做饭就是听渭河的哗哗流水声和观赏渭河两岸风光。刚开始去时入夜后，感觉流水声轰隆震耳，使我不能入眠，但是过一周后就习惯了，照睡不误。我一到干校就分派到这样一个"美差"，可能是因为当时干校的领导不是想要"整"我的造反派干部，对我有意照顾。

在看管水泵房一段时间后，我被调去养猪和鸡。这个活也不重。我们的这个饲养小组共有四五个人。猪和鸡的数量已经记不清了。记得长知识的一点就是在鸡群中养了一两只鸭，鸭吃鸡粪。鸭嘴像一把铲子，可以把鸡粪铲起来，这样就使地面上鸡粪少多了。在干校围墙外有一条小河沟，沟里面长满了水芹菜。有时我们去割水芹菜回来剁了喂鸡。这时我已经从渭河边回到干校本部住了，自然在干校食堂吃饭，不必自己做饭。食堂的伙食还算不错，不过有时我还会到街上的羊肉泡馍店去吃羊肉汤，就是不吃馍，只吃羊肉和汤。这是1958年学校搬迁到西安后我第一次吃羊肉，味道的确不错。过去在北京时吃过的羊肉有膻味，但是这里的羊肉一点儿不膻，所以吃上了瘾，经常去吃。

干校养的狗也不一般。这时正值我校刚转业不久，大家都还穿军衣，只是去掉了领章帽徽。虽然干校的人员数以百计，且往来、轮换频繁，但凡是穿军衣的人，狗都不咬；一旦当地农民进来，狗就去咬。不知道狗是看衣服还是闻气味区别的。一天，有一条小狗被汽车压死，我们寝室的人就拿来烧狗肉吃了。剥皮割肉时，我不忍心去看，烧好后我吃了几块肉，当晚睡觉身上一直发热，可能是吃狗肉的作用。这是我有生以来第二次吃狗肉，也是最后一次。这两次吃狗肉都是在"非常时期"。

又过了几个月，县政府的武装部要发展"土军工"，想开发地雷遥控器。干校负责人就把我调去协助设计遥控器。这样，我每天就到县政府武装部上班，帮助一个年轻人设计制造地雷遥控器。不久，遥控器还没有做好，我就被调回西安了。这三次下乡，每次不到半年。幸运的是，这三次下乡并没有受到什么"折磨"，没有吃大的苦头，但是从"文革"开始到1972年，却耽搁了我数年精力充沛、年富力强的宝贵年华。

二十四 复课和科研

1972 年起学校复课，开始招收"工农兵大学生"，我也恢复了教学和科研工作。这阶段仍处于"文革"中间，虽然复课了，但是教学仍然不时受到各种活动和会议的冲击，加之毛泽东说考试"可以交头接耳"，甚至"冒名顶替"，所以对学生基本没有什么要求，学生是从农村工厂基层推荐来的，文化程度参差不齐，谈不上教学质量。

学校真正走上正轨，应该从 1977 年恢复高考算起。1978 年初，我被破格提升为副教授。回头算起来，我当了十年助教、十五年讲师。这在中国大陆以外的人看来，不可思议。但是，在中国大陆，我的同龄人中，可能没有人比我的职称提升更快。在我校数百名教师中仅有两名被破格提升，许多同事见到我都向我表示祝贺，并显露出羡慕之情。有的讲师说："我们不知要等到哪年才能升为副教授。"事实上，很快学校走上正轨，不再是要等十多年才调整一次职称。

在文革后期，随着学校复课，我们开始公开恢复了学术活动。鉴于荒废了多年专业工作，与国际学术水平有着巨大差距，我们参考国外最新的著作，自发地组织编写了一本新书《数字通信原理》，参加编写的人员除了我外，还有汪漱玉、王育民、王新梅、蒋锦星、徐炳祥等人，并且大家推举我作为全书的统编和审稿人。这时，国内许多出版社也因文革动乱而影响出版工作，很难出版我们的书。由于学校正值军管时期，军宣队是由海军派出的，所以我们就找到海军司令部通信部给我们印刷出版此书。这本书于 1974 年 1 月由海军司令部通信部出版后，在国内引起极大轰动，许多军队和地方的院校及科研单位前来索取一空。（那时这本书是只送不卖的，当然也没有稿费一说。

）到最后，有人找到时任总参通信部副主任的黎东汉少将（曾任我院院长）向我院图书馆资料室索要。我院资料室只好把最后一本馆藏的给了来人。此后，学校图书馆也没有此书了。

顺便说一点儿花絮。为了出版此书我和同事曾多次赴京前往海军司令部通信部接洽。那时我们已经转业成为了老百姓，到了海军司令部招待所后，那里的规矩是按照军队级别安排住宿。我在 1964 年已经是大尉军衔，若不转业，到 1973 年也至少相当于营团级干部了，但是转业后没有了军队级别，招待所就把我们当做战士对待，安排住在十多个人住的大房间。大房间中只有十多张木床，床下放个洗脸盆，此外没有任何家具。

1974 年出版的《数字通信原理》

这本书出版后，由于来海军司令部通信部要书的人太多，使具体负责出版此书的参谋应接不暇，后来他说以后再也不干这种印刷出版书籍的事了。

文革这几年，国际上通信技术正是从常规电报通信迅速走向数字通信的阶段；受长年动乱的影响，除了缺乏专业书籍外，国内多数院校的老师在业务上也荒疏很多，并且跟不上国外的技术发展。我在校内开办了数字通信短期学习班，为不少外校老师讲授数字通信课程。不久后又受重庆和合肥兄弟院校领导邀请，前往为其教员讲课培训。

此后，我在 1975 年《无线电技术》期刊第 1 至 10 期上发表了连载的"数字通信讲座"，并于 1977 年 8 月将连载的内容修订编写出《数字通信简述》一书，由人民邮电出版社出版。在这本书的第 7 页中，以采用计算机通信网预售火车票为例，大胆预测数字通信在国民经济中的可能应用之一。当时即使是飞机票也要跑到售票处去买。30多年后由于互联网的广泛应用这一预期终于在中国变成现实了。

上面这些写作活动基本上是自发的。正式的有组织地编写教科书是在恢复高考后，由教育部组织制定统一的教学计划和编写高校的教科书。工科电子类教科书则由教育部委托电子工业部负责组织编写。于是电子工业部成立了"高等学校无线电技术与信息系统教材编审委员会"负责此事，在教学计划中设置了"通信原理"课程，这是以前没有的，而《通信原理》一书的主编就落在了我的身上。《通信原理》初版于1980年发行以来深受读者欢迎，成为国内许多高校这门课程采用的主流教材，并且先后获得世界通信年中国委员会颁发的全国优秀通信科技图书二等奖、电子工业部优秀教材特等奖、国家教委全国高等学校优秀教材奖。

我执笔编写或主持编写的书籍和文章，其中不少都有大量读者或有较大影响。例如，《通信原理》一书，至今已经出版了7版，国内有数百家大专院校采用该书作为教科书或参考书，总发行量超过百万册。又如，我写的关于沃尔什函数在通信中应用的文章，是国内期刊上刊登的第一篇这类文章，当时在通信科技界的影响很大。若要总结经验的话，可能有如下几点。

第一，在引用已有的他人理论或论述时，必须或者尽量先阅读原著。这就是说，要追踪最原始的文献；若原始文献是外文的，尽可能阅读原文。这样可以避免转述或翻译中产生的错误，正确理解原著的思想观点。由于在电子和通信技术领域，大多数原创理论和技术都是来自国外，所以必须习惯于阅读和查找外文原创资料。当然，对原始文献也要仔细地、认真地消化思考，不宜盲从，或人云亦云地引用。

阅读原著，这一个对自己的要求，不仅在写作时是必需的，在教学和科研中也应该做到。我印象深刻的一件小事是关于散射通信的。从上世纪五十年代到六十年代，我曾断断续续地涉入散射通信的教学和科研工作中。散射通信利用电磁波在大气中的散射现象传播信号,而随机散射传播的数学分析涉及到很高深的数学理论;其中一个计算公式,我为了弄清楚并验证其推导过程,需要找到刊登这个公式证明的期刊。但是,找遍我校图书馆也没有此期刊。最后,在第四军医大学的图书馆中找到了。令我想不到的是,医学也需要这类数学工具。

第二,写作中注意论证的逻辑性和严密性。为此,我觉得学理工科的人最好学一点儿形式逻辑学;或者说,学理工科的人必须学些形式逻辑学。回想我报考大学时,只有燕京大学的入学考试科目中有一门大概叫"智力测验",其内容主要是考思维逻辑。为了报考燕京大学,我专门找了形式逻辑方面的书自学,准备考试。全国解放后,辩证法的地位大增,形式逻辑似乎被当作"瘟神",被敬而远之了。

第三,我认为,科技文章与文艺作品写作的重要区别之一是论述用词的严谨性。每个科技名词都有严格的确定的定义。对应同一个事物,只宜用同一个名词;并且在第一次出现这个名词时就要给出严格的定义。特别是教科书,若第一次出现的名词没有给出其定义,则极易给读者造成困惑。在极特殊的情况下,若必须采用两个名词表述同一事物,也要事先说明两个名词是通用的,是对应同一个事物的。

在讨论或研究一些问题时,一个名词的定义是最根本和最重要的。例如,近来出现的"正能量"一词,它常常被理解为物理学中采用多年的"能量",因此就出现"有负能量吗?"这样的质疑。类似的,在电学中,也出现"有没有负频率"的争论。这些问题都涉及到所讨论主题的严格定义。不是针对同一定义的主题去争论是没有意义的。

1963年后随着学校归属和性质的改变,我工作中科研的比重逐渐上升。在1964年底左右,我受邀参加了电子工业部第十研究院组织的潜艇通信用900号通信机的方案论证工作。在文革中期,我先后参加了708国家重点工程(全国军用半自动交换网)、1125国家重点工程(全国防空预警网)、207型对流层散射通信设备等方案的论证工作。文革刚结束不久我还参加了全国大中城市银行结算网方案的制定论证。参加这些活动，一方面为国家出了力，另一方面也扩展了我的实际知识面。

在上述方案论证工作中，印象最深刻的是参加对流层散射通信设备方案的论证工作。论证会是在北京友谊宾馆召开的。友谊宾馆建设于 50 年代，原来是为苏联专家住宿用的。这时苏联专家已经全部回国，改革开放还没有开始，所以这个宾馆比较空闲。我们的论证会在这里开了有四五十天，现在看起来当时的工作节奏是如此之慢，住在这里如同休假。偌大的一个宾馆里人烟稀少，院子里花草茂盛，林树郁郁葱葱。特别是那里的餐厅和饮食值得称赞。我记得当时每日三餐只要人民币一元。午餐和晚餐都是四菜一汤，两荤两素，经常有鱼有肉，汤通常是海鲜汤。（注：那时我的月薪金是一百二十元左右，青年工人只有三四十元。）

在 1980 年系里安排我给本科生讲一届基础课"复变函数"，当时我并不清楚为什么，后来才得知当时晋升正教授的必要条件之一是教过基础课。果然于 1982 年 8 月我被晋升为正教授。我从 1963 年晋升为讲师到 1978 年晋升为副教授，花了 15 年；从副教授晋升到正教授只用了 4 年。前面这 15 年反映出了国家的混乱和动乱，后面这 4 年反映出了国家的拨乱反正，逐步走向正轨。

在文革后，我工作的重点逐渐从教学转到科研及指导研究生。在科研方面，我先后主持了沃尔什函数在通信中的应用、语音信号编码、图像信号编码、声成像技术、指纹识别技术、数字专用集成电路设计、矢量量化、电磁兼容，以及宽带数字微波综合业务节点站技术（国家自然科学基金重大项目）等领域的研发项目。

在国内，研究沃尔什函数在通信中的应用并发表文章的，我可能是第一人。这第一篇文章作为特约稿发表在《国外电子技术》1974 年第一期，标题是"Walsh 函数及其在通信中的应用"。这篇文章引起国内通信学术界广泛的关注。在此基础上，我前往北京拜访电子工业部的罗沛霖博士和清华大学的常迥教授，得到他们的支持，由中国电子学会召开了第一届沃尔什函数及其应用学术会议。这次会议自始至终主要是由我推动、组织和主持召开的。这时虽然学校已经恢复了日常工作，但是文化大革命尚未结束，特别是社会上对于纯理论性学术研究大都却步不前，连华罗庚都去做推广 0.618 的应用工作。因此，这次会议不但有许多通信工程专业的老师参加，还吸引了不少国内大学数学系的老师参加。从会议参加者的踊跃程度看，这次会议是举办非常成功的一次学术会议。

我负责的科研组利用沃尔什函数研发的雷达图像数据传输终端机于 1978 年获得全国科学大会奖。目前沃尔什函数在通信技术中最主要的用途是在第三代(G3)及以后的移动通信网中。

在上面提到的几项研究工作中，我持续研究时间最长花费精力最多的是在语音信号处理，特别是低速率语音信号压缩上。无论军用还是民用，对于电话信号的保密性都有很高要求，而只有采用数字加密技术才能使电话信号得到极高的保密性。这时电话信号也必须是数字信号才能采用

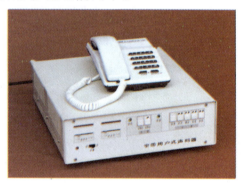

用于保障我国卫星发射工程的声码器

数字加密技术。一路电话信号一般只占用 3 千赫带宽，当年在这样的带宽内只能传输低速率的数字信号，例如速率为 2.4 kb/s 或 4.8 kb/s 的数字信号。没有经过压缩的数字话音信号的速率通常为 64 kb/s。因此需要将它的速率压缩到约二十分之一左右才能满足要求。这是一个非常艰难的任务。1991 年我主持研制的"窄带用户式声码器"达到 1990 年代初的国际先进水平，并且成功地应用在我国卫星发射工程的通信、调度、指挥系统中，受到国防科工委领导的高度评价。

结合科研工作的方向，我给研究生先后开设了正交函数与正交变换、应用沃尔什函数分析、语音信号的数字处理、声成像技术等课

程。我第一次招收硕士研究生是在 1979 年，共招收了 2 名。以后陆续每年招收硕士研究生 1 至 4 名不等。1987 年 7 月国务院学位办批准我为博士生导师后，1988 年开始招收博士研究生，第一年招收 2 名，以后陆续共招收过 8 名，每年 1 名。此外，还招收过博士后 3 名。自 1993 年起博导审批权由国务院学位办逐步下放到有博士点的各高校。此前由国务院学位办批准的西电博导共 14 人，在 1998 年庆祝恢复学位和研究生教育 20 周年大会之际，他们留下了一张珍贵的合影。胡征教授没有出席这次大会，故照片中缺少他的身影。

由国务院学位办批准的西电博士生导师(1998 年 12 月照)

（前排左起：梁昌洪、肖国镇、保铮、蔡希尧、叶尚辉、陈开周、樊昌信；后排左起：徐国华、吴成柯、张守宏、王育民、葛德彪、王新梅）

2011 年西电颁发的奖牌

1998 年在恢复学位与研究生教育 20 周年之际，陕西省学位委和教委给有突出贡献的博导颁发的奖牌

任伟利博士论文答辩后和导师合影

回顾这些年的研究生指导工作，没有什么经验可谈，只有少许感想。如何指导研究生的论文选题，我没有经验。在 60 年代，我曾经向一位在苏联取得副博士学位回国的人请教此事（苏联的副博士学位相当我国和欧美国家的博士学位）。他说在选题前一般要先查阅近 30 年内全部有关文献，吸取前人经验并避免重复前人的工作，或避免选择了被前人研究过并已经证实为错误的选题。在当今信息爆炸的时

代，要查阅 30 年内全部有关文献几乎是不可能做到的事。另一方面，按照我校目前的实际情况，在通信技术领域做研究生论文，必须结合近期实际应用才能取得国家或企业的经济资助，所以论文题目不可能只从文献资料中去探寻。

我感觉我对研究生的帮助和指导主要是指引方向和创造研究条件：即给定研究方向，而具体论文题目由研究生自己选定；而创造研究条件主要是指实验室物质条件和经费。对每个研究生的论文初稿，包括学位论文和其他论文，我一定会仔细阅读和修改。审阅论文中，我首先关注论文的独创性，是否有大量抄袭他人著作的行为，这一点是非常难做到的，因为现在信息来源众多，信息量极大，很难杜绝抄袭行为，我只能尽力而为而已。其次要对论文中的错误把关，包括概念性错误和书写中的文法和文字错误，这方面我对每篇论文都是逐字逐句修改的。

在研究生论文答辩安排方面，我发现我国和美国有较大区别。这可能是因为我国长期废除学位制，在刚恢复学位时对此非常重视；或许还因为我国长期封建社会的影响，更多地注重形式。

记得我第一次参加研究生学位论文答辩，是应邀与美国华盛顿天主教大学哈马斯教授一起赴成都电讯工程学院参加他们的第一位硕士生毕业论文答辩。答辩在一个大教室举行，会场布置非常正规，正前方有红布横幅，大约有一百人参加。在宣读论文后，提问和回答的时间将近一个小时。事后哈马斯教授对我说，这样的答辩太隆重了。1987 年，我在美国洛杉矶加州大学（UCLA）有机会旁听一位博士生的论文答辩。到了预定答辩时间，我去到一间小实验室，看到研究生正在布置会场，把几张椅子拉过来，围成一个半圆圈，正面斜放一张小黑板。没有横幅，没有任何隆重的气氛。答辩的博士生利用黑板报告他的论文，请来的答辩委员会委员只有 3 人。博士生在回答提问时也有不同意见的小小争论，但是最后仍然通过了答辩。答辩结束后，大家握手表示祝贺；会场上也没有人摄影留念。我不知道 UCLA 的其他博士生或国外其他大学的博士生答辩是否也如此场景。

二十五　改革开放

从全国解放以后，特别是 1952 年大学毕业参军后，我作为一个新兵，对于解放军由衷地崇拜，认为领导一切都是对的，对自己则几乎全盘否定，认为自己是在旧社会长大，接受了旧思想，应该予以否定。这种不加独立思考、盲目服从的思想较长时期指导着我的言行。例如，参军后第一次填个人履历表时，由于领导对"籍贯"定义的一句话，我就把籍贯改了。1958 年和一个解放前参军比我资格老的干部聊天时，我说到"知足者常乐"这一古语时，对方马上说这句话不对，那是旧社会统治者为了麻痹老百姓使之安于现状不想造反而宣扬的。我就接受了他的说法。没有想到在 2000 年，我再见到这位年近八十的老同志时，他自己也说"知足者常乐"。现在想起来，自己当年不去独立思考、盲目服从，是非常幼稚可笑的。

此外，从参军后到改革开放的近三十年中，由于被灌输"知识分子要向工农兵学习"，和"批判一切旧文化、旧思想等旧社会带来的东西"，"各级领导都是解放战争中锻炼成长的老干部，一切都应向他们学习"的思想，似乎是应验了"近朱者赤，近墨者黑"的古训，我把前 16 年在学校中学到的许多传统文化抛诸脑后，几乎都忘光了。在开展国际学术交流后，一次我到日本在一位日本教授横井宽家中做客，和几位日本人聊天时，他们要我背

在日本教授横井宽家中作客

一首中国的古诗，一下把我给难住了。因为三十年来把曾经学的古诗都当作垃圾丢掉，从未在头脑中出现过，当时连一首都想不全了，弄得我非常尴尬。

我亲身经历的改革开放春风，始自1978年4月。这时我被学校和电子工业部选派作为中国电子学会代表团成员之一，应美国电气电子工程师学会（IEEE）邀请访美。当我正在湖南长沙开会时，突然接到学校长途电话通知，告诉我要准备赴美访问。我听到后非常惊讶，因为当时正值开放初期，中美还没有建交，前往美国访问有如天方夜谭。

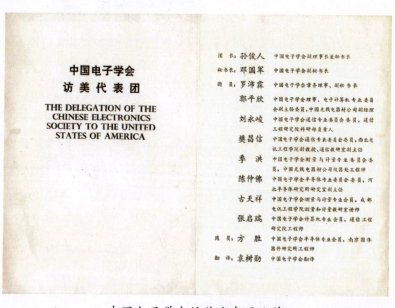

中国电子学会访美代表团名单

中国电子学会当时挂靠在电子工业部，所以是由电子工业部组团。团长是电子工业部副部长孙俊人，团员10人中除团长和副团长外，分别由通信、计算机、半导体、仪器等4个专业各

孙俊人

罗沛霖

2 人组成；另外，代表团还有两名随行人员分别担负英语翻译和事务工作，所以代表团共有 12 人。我有幸被选中作为通信专业代表之一；通信专业另一位代表是时任第四机械工业部科技司副司长的电子工业界元老之一的罗沛霖博士，他后来于 1980 年当选中国科学院院士，并是建议成立中国工程院的发起人之一。在 1979 年 1 月中美建交之前，正式访问美国的中国代表团还是很稀有的。行前团员

与罗沛霖合影，摄于纽约我国驻联合国代表团驻地楼顶

集中在北京学习了一周，除介绍美国情况、外交礼仪外，还规定了行为要求：其中最主要的纪律是在美期间一切行动必须两人以上同行；以及不允许和接触到的对方人员互相留通信地址和电话号码等个人联络信息。在学习之外，就是准备行装。当时国内还是普遍穿蓝色的中山装，外国人形容说在中国看到的是一片蓝蚂蚁。出国人员要到王府井百货大楼后面的出国人员服务部去置装；包括皮鞋、衬衣、毛料西装和中山装各一套。这里的东西都是国内一流的。皮鞋的皮子是头层牛皮。衬衣的尺码齐全，男衬衣除了按领口尺寸号码区分外，还分别有不同胸围、袖长的规格。这些都是我在一般商场中见不到的。

　　在 1978 年我们代表团赴美访问时，中美还没有建交，也没有通航，并且正值两伊战争，所以我们先乘中国民航飞机到巴基斯坦，然后换乘法国航空公司的飞机，避开伊朗和伊拉克领空，飞到巴黎稍作停留，再从巴黎转机去美国。在法国停留时，我印象深刻的有两件事。第一件是我们乘公共汽车要买 12 张票，我们中只有一人会一点儿法语，但是用法语数数只能数到十，不会说十二，所以买票就成了难题。售票员也不懂英语。等过了几站才上来一位懂英语的法国人帮

我们买了票。第二件事还是语言问题。我们去凡尔赛宫参观过程中，有人要去厕所，但是到处找不到厕所标志。问到一个工作人员，他明白我们的意思，但是说的法语我们不懂，后来他用手向下指，我们猜了半天才明白厕所在地下室。这两件事说明法国人大都听不懂英语或不会说英语。据说法国人认为法文是高尚的，看不起英语，也不想说英语。我想到今天的中国人不少以能说英语为荣，对自己祖国的语言反而不认真学好。这真不值得反思吗？

在美逗留了约三周，访问了斯坦福大学、麻省理工学院、加州理工学院、普林斯顿大学、乔治华盛顿大学和美国天主教大学等，以及AT&T、Intel、RCA 等美国的著名公司和美国国家标准局、纽约电信局等机构，并先后走访了旧金山、洛杉矶、纽约、波士顿、华盛顿 5地。这次应 IEEE 邀请访美，是对其回访，因为在 1977 年 IEEE 曾来访。按照国际惯例，这种访问双方是严格对等的。对方来华时到访了5 个中国城市，我们也是访问 5 个美国城市；双方逗留时间和人数也是一样的，在对方国家内的费用和往返路费都是自理。有一点不同的是，我们代表团出访是政府出钱的，包括往返路费和在美期间的吃住等一切费用；而美国人来华是自费的，即自己个人出钱，IEEE 并不承担任何费用，只负责组团。

我们在洛杉矶时，IEEE 主席在家中设晚宴招待我代表团，这是规格非常高的礼遇，这么多人来家中聚餐是要专门请厨师来料理的，费用不菲。晚餐后，主席夫人还弹钢琴助兴。她弹的名曲，我们代表团中只有在美国取得博士学位的罗沛霖一人能说出曲名，不仅因为他曾在美国留学，还因为他出自书香门第，才具有如此深厚的音乐修养。IEEE 的主席每年换届，所以今年的主席去年并没有来访中国，但是他仍然热忱招待未曾谋面过的我们，使我们非常感动。

1977 年 IEEE 访华团中唯一一位翻译是懂中国话的美籍犹太人Dr. Wallenstein，这次他也参加接待了我们代表团。他在二战时为躲避纳粹迫害从德国来中国，在天津定居多年，对中国人很友好。他对我说，一年前他们下飞机后在北京饭店等候办理入住手续时，因为对于共产党和中国没有接触过，一行人坐在大厅地毯上非常紧张，怕被抓进牢房。这是中国刚改革开放时一些外国人对中国的心态。我们当时去美国的心态也有些类似。接待我们的美方人员中除了 IEEE 的人外，有一位特殊的人，他胸前挂的名牌上写的是"IEEE 临时会员"；我们认为他显然是一位 FBI 的特工人员。此人一直"陪同"我们，走到哪里跟到哪里。

在旧金山时，几家公司设晚宴招待我们，其中有 ATARI 游戏机公司的老板。ATARI 公司在那时是世界上最著名的游戏机公司，后来它被日本任天堂公司取代，任天堂成为世界上最有名的游戏机公司了。当时我不知道我的一个从台湾去美国的外甥女在那家公司工作。次日那位公司老板上班后把前晚宴会上中国代表团名单拿给我外甥女看，并且说："我昨晚会见了一个从中国来的代表团，但是不是从你那个中国来的。"外甥女发现了名单上我的名字，当即打电话查找，但是我们已经离开旧金山去洛杉矶了。失散近三十年的亲人失之交臂，她于 1947 年离开北京时还不满周岁。后来她打电话告诉了她在台湾的妈妈（我的大姐）看到我的名字。两年以后，到 1980 年我再次访美时才和她联系上了。

从旧金山去洛杉矶的飞机是在晚上飞行的。从飞机上向下看，沿途基本上灯光不断，许多城镇几乎连成一片，城乡差别很小。在这两个城市参观工厂时，听一个工厂的接待人员介绍说，厂内工人也买有工厂的股票以此调动工人的生产积极性。这些现象使我感觉似乎美国比中国更接近共产主义社会，但是这种想法在当时及回国后是根本不敢说出来的。

代表团在华盛顿特区期间，参观了几个著名的史密森尼（Smithsonian）博物馆，例如宇航博物馆、美术博物馆、自然历史博物馆等，使我大开眼界。此外，还到国会山参观国会大厦，民主党参议员爱德华·肯尼迪也接见了我们。当年中美还没有建交，但民主党参议员对中国还是比较友好的。肯尼迪当时正在开会，我们代表团在会议室外等了几分钟，他从会议室出来，站在大厅中和代表团成员一一握手，并做了简短的谈话。

美国参议员爱德华·肯尼迪接见我们

代表团在华盛顿停留期间，曾在中国驻美国联络处（当时还没有大使馆）召开了一次招待会，招待对中国大陆友好的华人；其中一人恰巧是我育英中学的校友，因此有了更多的共同语言，故交谈甚欢。可惜限于当时代表团的规定，双方不能留下姓名和联系地址电话。此外，代表团还向我国驻美联络处负责人汇报了代表团访问工作情况。汇报是在联络处内一间保密会议室进行的。为了防止美方窃听，在这间保密会议室内又建了一层墙，开会时在两层墙之间放送高分贝的音乐，而内层墙的材料全部是从中国运去的，建筑工人也是从中国去的。

那时，我在国外已经看不到煤炉了，但是在西安直到80年代初，居民基本上都是采用蜂窝煤炉做饭。据我了解，蜂窝煤是日本人发明的。在40年代初，北京人家都是采用煤球炉做饭，这时在北京的日本人首先采用蜂窝煤代替煤球。当时市场上并没有蜂窝煤卖。若要用蜂窝煤，必须自己动手制造，即用一个圆筒形的模子，把混合了石灰的湿煤末放入，上面用一个带12个圆洞的铁板压实，再从圆洞插入12根铁棒，做出空洞。当年在煤末中混入石灰是为了增加煤末的粘合度，这样燃烧后只剩下很少粉末状灰烬。大约到了1954年左右，蜂窝煤炉才在北京由政府大力推广，这时是在煤末中加入黄土代替石灰，这样做虽然便宜，但产生了大量块状的煤渣。大约十年后，1964年左右，蜂窝煤才在西安推广。因此，以我的观察，蜂窝煤从北京传播推广到西安大约要十年时间。为了尽早把煤气或天然气引入我校千百家庭，我积极向校方建议在学校家属宿舍区建立煤气管道。除了我外，茅於宽教授也积极建议。于是，学校成立了一个煤气小组，将我和茅於宽两人吸收进由后勤部门干部为主组成的小组，一起研究如何落实。

当时提出的解决方案是联合附近的 6 个单位集资共同建立一个煤气发生炉，为这 6 个单位供应煤气。除了我校外，其他 5 家是：西北工业大学、西北大学、隔壁的导航研究所和在边家村附近的光机所及计算所。把这个方案提交给西安市政府后，西安市政府回复的建议是：把这 6 家的集资交给西安市政府，政府将把天然气从陕北输送至西安管道的敷设计划，改为优先敷设到我们 6 家附近的城西南郊区。这样的计划变化能使我们提早约十年使用上天然气。

多年的封闭锁国使我国的国情和发达国家相比，呈现多方面的差距。这次去美国访问，陪同的一位华人说很想带我们去参观一下超级市场，但是没有时间了。我也非常想一开眼界，以为那是非常神奇的事物。今天在中国超市已经是遍布各地了。在两年后我又一次赴美国开会时，住在酒店中要发一封信。美国信封的封口处和邮票都预先涂有胶水，只需将其弄湿就可以粘上了。我用的从中国带去的信封的封口处是没有胶水的，所以只好跑到酒店前台想借用胶水。前台的服务员听我要借用胶水，一脸愕然。前台没有胶水，经过我解释后，他借给我透明胶带用来封口。这件小事也使我感到中外的差别。今天，电子邮件被广泛使用，人们已经很少使用传统邮政通信了。加上短信、微信等的快速发展，中外在这方面的差距已经不存在了，甚至中国早已超过了不少发达国家。在十多年前一位美国教授来我校访问时，惊讶地对我说，他发现当时在中国即使在三星级酒店房间内大多都有因特网可免费使用，而在欧洲许多国家的酒店中还没有因特网可用。

二十六 寻 亲

1980 年 10 月我赴美出席国际学术会议。没有料到这为我提供了一次意外的寻亲机会。

行前我的三姐希望我能利用这个机会打听大姐和二姐的下落，自 1950 年后我们已经失去了联系。她说在北京的表哥汪公立（汪怡的次子）的一位堂兄目前定居在澳大利亚，后者通过北京的全国侨联找到了汪公立；而那位堂兄的女儿现住在旧金山附近。三姐要我去找汪公立要那位女士（我应该算是她的表叔）在旧金山的地址。我找汪公立拿到地址后，在飞机上写好一封信，到旧金山时就寄发了出去。信中问她是否知道我两个姐姐的下落，并告诉她一周后我将在波士顿的住址和电话，届时可以和我联系。她收到我的信后，马上打电话到台湾我大姐家，把我的信念给我大姐听。这样我就和在台湾的姐姐联系上了。

原来那时我大姐的次子和女儿都在美国，次子住在纽约，女儿住在旧金山附近的硅谷；二姐的长子和女儿也在美国，长子住在新泽西，女儿住在费城。当我到达波士顿时，在费城、新泽西和纽约的这几个外甥和外甥女都赶来和我见面。我们一起到波士顿的一个中餐馆吃晚饭，相聚甚欢，有说不完的话，一直谈到晚 11 点后，这时餐馆只留一个人值班陪我们，早已没有其他客人。为了感谢餐馆值班人的加班，我们多给了些小费，表示谢意。这使我初次感受的美国餐饮业的服务精神，他们不会因到了打烊时间而赶走顾客。住在硅谷的外甥女因为远没能赶来参加聚会，我回国途经旧金山时，去她家见了面。到 1981 年，大姐和二姐同时去美国，我专门请探亲假去美国看她们。经过 30 年的断绝音信，从此就和她们联系上了。可惜我母亲在 1978 年去世，没有能够再和她昼夜思念的两个女儿见面。

二十七　国际学术交流

　　1978 年是我走向国际学术交流的开始。此后的二十多年，我和不少国家的大学及通信公司建立了学术交流关系，并为我校和外国大学间建立学术交流作了不少推动工作。

　　1980 年后，西电急需引进教授英语的外籍教师。因为我是学校在解放后第一个走出国门到英语国家并有海外亲戚的人，所以外事处的干部找到我，要我帮忙联系能来教英语的外国人。我通过在美国的外甥女请来了两位美国刚大学毕业的女大学生来校任教，她们一个叫 Barbara，一个叫 London。这是西电引进外籍教师的肇始。这两个年轻人的教学应该是称职的，我没有听到对她们教学不满意的议论。不过，后来发生了一个小小的喜剧性的风波。Barbara 是一个生性开放的女孩，她在教一个研究生班的课堂上公开说要找一个中国丈夫。不久，她和班中一位男生恋爱了。这时，校内又增加了一位教英语的美国中年女教师 Esther。她们三人合用一个办公室。一天午休时间，Esther 偶然去办公室取东西，用钥匙打开房门后，正巧碰到 Barbara 和她的恋爱对象在亲热。一时双方都很尴尬。Barbara 此后非常生气，对 Esther 很不满。因为我是 Esther 熟识的很少几位中国老师之一，于是她告诉我了这件偶发事件的经过，并且感觉到非常委屈，认为自己并不是故意去打搅他们的约会。Barbara 后来要和她的这位中国情人结婚，又遇到了麻烦，因为刚开放的中国还没有过办理这种中外联姻的先例，无法办理正式结婚手续。据说后来 Barbara 给邓小平写信才终于解决了在中国结婚的问题。Barbara 也满意地带她的中国丈夫回到美国。

1980 年 10 月我第一次赴美出席国际学术会议。这次是到巴尔的摩(Baltimore)出席 IEEE EMC International Symposium，并作为小组成员(Panel Member)发表论文。当时在电子工业部系统我可能也是第一个出国参加国际学术会议的人，出国经费全部由电子工业部报销；后来出国参加国际会议的人多了，出国经费就要自筹，部里不管报销了。在这些活动中有不少使我印象深刻、颇有感触的事情值得回忆。

2003 年 10 月聘请谢定中教授来西电任教仪式(右四为谢定中)

我之所以出席这次会议，是由于 1978 年第一次访美时我要求访问美国华盛顿天主教大学哈马斯(H. F. Harmuth)教授，交流关于沃尔什函数应用的研究。于是后来他邀请我出席这次会议，并作为 Panel member 发言。会议期间，哈马斯介绍了他的一位美籍华人博士研究生梁逊河给我。梁逊河又把他的中学同学谢定中介绍给我认识，后者当时是美国加州州立综合技术大学(California State Polytechnic University, Pomona)经济系教授兼系主任。谢定中教授出生在江西南昌，成长在台湾，后来赴美留学并在美国定居。他对祖国大陆有很强烈的归属感情，但是多年来两地隔绝没有来往，很希望我给他牵线搭桥。后来我向南昌的江西大学校长写信推荐谢定中教授前往讲学访问。这就开创了谢定中教授回中国大陆访问讲学之始。此后，二十多年来谢定中教授遍访大陆的十多所大学，包括云南大学、北京大学等校，并经我推荐于 2003 年被西安电子科技大学经济与管理学院聘请作为客座教授，来校给研究生讲课一学期。

在 1981 年 6 月我主持举办了一个学习班，邀请哈马斯教授来西电讲学，并邀请全国许多高校的教师约 40 人前来听讲。由于哈马斯教授了解到，西电在中国推动开展沃尔什函数在通信技术中应用的研究工作所起的关键领导作用，他在其著作"Nonsinusoidal Waves for Radar and Radio Communication"（Academic Press，1981，p. 81）中写道"在中华人民共和国，关于沃尔什函数和序率理论的研究工作以西北电讯工程学院为中心（樊昌信、胡征、杨有为）"（In the People's Republic of China work on Walsh functions and sequency theory is centered at the Northwest Telecommunication Engineering Institute（Fan Changxin，Hu Zheng，and Yang Youwei））。这使我校在这方面的研究工作闻名全国。

前排胡征教授（左五）、哈马斯教授（左六）和本人（左七）

一次，我陪同哈马斯在西安市内游览时，听到一个单位用大喇叭播放国际歌。我就问他，在美国有言论自由，能不能唱国际歌呢。他说虽然可以唱不违法，但是若邻居等其他人听到你唱国际歌，恐怕以后那些人就会离你远远的，不敢和你接近。

哈马斯教授在西安讲学期间，还发生了一件"小事"，它反映出中西方国家之间的文化差异。一天，哈马斯生病了，我们校医院的一位老医生到哈马斯的房间去给他看病，并请他去校医院检查一下。哈马斯不想去校医院，老医生就拉哈马斯衣袖一把，想拖他去。没有想到，哈马斯突然发怒，认为侵犯了他的人身自由。结果是好心办了坏事。

哈马斯教授是和他的夫人一同来华的。他的夫人在美国是聋哑学校教聋哑人手语的老师，所以来西安后就想去西安的聋哑学校参观交流。这原本是一件好事，但是在当时刚改革开放的年代，多数单位是不对外开放的；西安的聋哑学校也不对外开放参观，可能是有点儿"家丑不可外扬"。经过请示有关单位，给她的答复是西安没有聋哑学校，但是她根本不相信这么大的一个城市没有聋哑学校，我也无言以对。在这一时期，虽然对外开放了，允许外国人来华访问，但是有严格限制：凡允许外国人所到之处，都要事先布置，打扫卫生，只给外国人看好的一面，隐藏落后一面。但是，这种掩饰贫穷落后的做法实际上是不能达到目的的。例如，我陪同哈马斯夫妇参观乾陵时，哈马斯夫人要去厕所。这就出了难题。那里的土厕所根本就见不得人的。后来，只好请他的夫人到树丛中背静的地方方便去了，好在那时还不兴旅游，陵区内游人不多。

1986年我在美国加州大学圣巴巴拉分校（UCSB）做访问学者时，在一次中国学生组织的春节联欢聚会上请到圣巴巴拉市美中友好协会的主席 Dorothea Coryell 出席。在会上我和她交谈时得知她出生在清华园，因此有了很多共同语言，并从此有了进一步交往。后来她邀请我去她家做

Dorothea 和她的丈夫

客，并介绍她弟弟 Ernest K. Smith（史密斯教授）与我相识。因为史密斯教授和我是同行，他的专长是电波传播，当时在洛杉矶加州理工学院（Caltech）的喷气推进实验室（JPL）工作。从此我们开始了 20 年的交往。

史密斯教授对清华大学也有深厚感情。他的祖父是在清朝时来华的传教士，并编写有早期的英汉字典；他的父亲是清华大学第一任西语系主任。因此，他和他姐姐就出生在清华园。他 1940 年于北京东四干面胡同的美国学校（Peking American School）高中毕业后回美国读大学，在康奈尔大学取得博士学位。当年中美交往刚刚开始，他还没有渠道和新中国的学术界沟通，他想访问清华大学，旧地重游，于是我介绍他和清华大学研究生

与史密斯教授合影

院院长吴佑寿教授相识，并由吴佑寿出面去请他访问清华。他知道清华大学是美国用庚子赔款帮助中国建立的学校，并且用这笔赔款建立的基金目前由台湾清华大学掌握，所以在他去北京清华大学访问期间曾向校方建议，并想积极推动，把这笔基金争取拿回北京。

史密斯教授从 JPL 退休后，到科罗拉多州博尔德市的科罗拉多大学（UCB）任教。1989 年我去该校访问，在他积极推动下该校和我校建立了友好合作关系，并签订了两校间友好合作协议。几年后，我邀请他来西电访问并参观实验室。他回国后写了一篇短文介绍和称赞西电的学术水平，并认为西电是美国学者值得来做访问者的大学；这篇短文刊登在 IEEE 的刊物上。史密斯教授于 2009 年 10 月 21 日逝世。

1987 年我参加了由我国主办在南京召开的国际学术会议 ICCT 的筹备活动。可能这是我国第一次主办的国际通信学术会议，也可能是在南京市第一次举办的国际学术会议，因此南京市当局非常重视。

当年我国经济水平尚处于非常落后状态，出席会议的国内外人员是住在不同的宾馆。国内的人住在普通的招待所，外宾住在高级酒店，会场当然是同一个酒店。不知道南京市公安局是不是第一次遇到在这里召开国际学术会议，总之他们是非常重视的。为了保证准时把中方人员护送到外宾住的酒店的会场，避免堵车，公安局主动要求每天派出警车，在中方会议代表的大巴前面开路。为了保证会场的安全，在会场也派有警员值班。但是，使人不解的是，警方派出的人员坚持要住在外宾住的高级酒店，费用自然要会议负担。

这次会议上，日本静冈大学福田明教授宣读的论文是关于流星余迹通信的理论分析文章。在他宣读后的讨论中，我提问他是否做过实验。他回答没有做过。我说我们早已经做过这种通信体制的通信实验。他大为吃惊，不久后就专程来西安参观和交流，从此开启了西安电子科技大学和日本静冈大学

日本福田明教授来访合影

间的学术交流。在我前往静冈大学访问讲学的促进之下，两校之间签订了友好交流协议，并且静冈大学工学院全额资助了多批我校留学生前往攻读博士学位。从这件事例中我领悟到，参加国际学术会议，其作用不仅是发表学术论文；更为重要的是和各国学者主动地在会内外的交往，这是扩大我校的国际影响，促进校际交流和合作的重要场合和机遇。

我除了前往美国、英国、日本、澳大利亚、奥地利、新加坡、台湾等地，多次出席国际学术会议发表学术论文和访问当地大学外，还曾在美国加州大学圣巴巴拉分校（UCSB）、加州大学洛杉矶分校（UCLA）、科罗拉多大学（UCB）等校作为访问学者工作和讲学，并被英国萨瑞大学（University of Surrey）聘请作为荣誉客座教授。

在美国科罗拉多大学为研究生讲课

为来访外国学者作报告

在英国萨瑞大学实验室

在上世纪九十年代以前，因特网在全球还未普及，国际学术交流除了通过国际学术会议、期刊和直接访问外，通过信件交流也是主要途径之一。不少学术界和科技界人士没有机会出席国际会议和看到有关期刊，往往直接向所关注的文献作者发函索取其著作，尽管互相之间并不认识。在上世纪八九十年代，我在国际会议上发表的论文中，有不少曾经被国外同行来函索取。这里仅示出来自澳大利亚、波兰和捷克斯洛伐克的三封来信。

22nd January, 1985

Mr. C.X. Fan
Northwest Telecommunication Engineering Institute
Xi'an
PR CHINA

Dear Mr. Fan

REF: ON THE ANALYTIC EVALUATION OF THE DEPTH OF FIELD FOR ACOUSTIC
IMAGING SYSTEMS.

We are very impressed with your work as summarized in the abstract of the IEEE 1984 Ultrasonics Symposium.

We would appreciate it very much if you could send us a copy of your paper presented at the Symposium and any additional results that you have obtained since.

Yours sincerely,
AUSONICS PTY. LTD.

Tuan Bui Ph D

16 Mars Road Lane Cove   Telephone 02/429 5077
NSW 2066   International 61/2/4295077
Australia   Telex 27062

Incorporated in N.S.W.

1985 年澳大利亚学者索取论文信

1992 年捷克斯洛伐克学者来函索取论文

1991 年波兰学者来函索取论文

　　到上世纪九十年代中期后，因特网逐渐普及，上述这种通过邮政信函索取文献的方法就被电子邮件所代替了，有时会收到索取论文的电子邮件。

二十八　解体前夕的苏联

　　1990 年 4 月 21 日至 1990 年 5 月 13 日我去苏联出席一个国际学术会议——拉脱维亚国际信号处理大会。按照今天的国家划分，我去访问了俄罗斯、白俄罗斯、拉脱维亚、爱沙尼亚四国。会议是在拉脱维亚的首都里加召开的。我首先乘飞机从北京飞到莫斯科。当年出席国际会议算是因公出差，拿的是公务护照。出发前请电子工业部外事司给我国驻莫斯科大使馆发去一封电报（那时还没有电子邮件），告知他们我将去住在那里大使馆内的招待所。在飞机上我见回国的苏联人，每人手里都提着一个中国产的压气出水的暖水瓶（这种东西现在已经在市场上绝迹了）。我下飞机后，先在机场内上厕所，发现厕所建得虽然不错，但是里面脏得一塌糊涂，遍地污水，简直没有下脚的地方，和国内的机场相比真是天壤之别。

　　出机场后，需要乘出租汽车去中国大使馆。行前在西安我就向去过苏联的人请教，被告知莫斯科的出租车有两种：一种是国营的，价钱便宜；另一种是私家车在业余时间可以合法地营运，但价钱贵很多。并且被告知识别这两种车的方法。在路上出租车司机就主动问我要不要用美元兑换卢布。当时官方的汇率是一卢布换三点多美元，但是在黑市上是一美元换十卢布。于是在快到大使馆的偏僻地方，汽车停下来，按照黑市的汇率我和司机换了些卢布。

　　进入大使馆后，我向传达室递交护照并说明来意，但是传达室值班员说没有收到过电报，不知道我来，不能住在这里，并且怀疑我不是当天来的，因为当天中国民航没有从北京飞莫斯科的航班。我争辩说我不是乘中国民航来的，而是乘苏联飞机来的，并且出示了我的飞机票，但是仍然不让我住。时间已近黄昏，我没有别的办法，就提出抗议说，我没有其他住处，若不让我住我就在门厅中过夜。值班员看没有办法，只好同意了我住在那里。附带说明，住在那里是要交钱的，还要交美元，即使如此仍不让我住。后来得知我走后不久，李鹏总理将来访莫斯科。可能是这个原因不让我住。

入住后，房间硬件很好，也是两个人一个房间。当晚没有饭吃就算了，但是一路颠簸过来，口渴难忍，想喝水。没有想到房间内没有水杯，把头伸到脸盆的水龙头下面喝，难以办到。经过请教邻居才得知在厨房里有碗，可以去拿来喝水。但是这时已经天黑，厨房中一片漆黑。我慢慢摸索，终于摸到了碗橱，随便拿到一个饭碗，以救口渴之急。第二天早晨，我原计划7点钟到莫斯科大学去找一个中国留学生。莫斯科大学就在大使馆对面不远的山上，可以走到。但是，使馆的大门紧锁，我出不去。只能等到8点才能出去。经过这一番挫折，在回程经过莫斯科时，我坚决不住大使馆招待所了。

莫斯科大学的主楼非常宏伟，我早就在电视和图片上看到过。去了以后才发现那个大楼里原来是学生宿舍，教室反而在大楼后面的小楼里。大楼的确很大，并有很多入口，我绕楼走了很久才找到我要进的楼门。楼内学生宿舍的房间比我想象的小很多。一个单元门

莫斯科大学主楼

进去后分为左右两个小窄长卧室，每间卧室只住一个学生；狭小的房间内只能放一张单人床和一张小书桌，大约有六七平米。客人来了只能坐在床上。在两个卧室外的单元门内有一个小卫生间，我没有进去看。楼内大走廊倒比较宽敞，走廊的一端有一个敞开的空间，放置了几个燃气灶，供学生自己做些简单的饭食，在那里我没有看到油盐酱

醋和锅碗瓢盆一类的东西。我去找中国留学生的目的是请他帮助我买去里加的火车票。

在里加开会还算顺利。会议的主办方安排一位大学教授负责接待，他会说英语，所以没有遇到交流的障碍。会议的具体地点是在里加市的尤尔马拉镇，那里濒临美丽的波罗的海海湾，有广阔的沙滩，是疗养胜地。我们住的宾馆离海边不远，可以走去散步。海滨很漂亮，但是显得有点儿荒凉。那时海水很凉，没有人游泳。

尤尔马拉海滨

会场门前

我是早晨到达里加的，办完宾馆入住手续后，想去宾馆的餐厅吃早饭。早餐厅要排队，等到我排到时，刚好 9 点钟，到了餐厅停止营业时间，不卖早饭了。我只好很扫兴地走回房间。当我拿钥匙开房门时，隔壁房间的一个苏联人也同时

尤尔马拉宾馆前

开门，他也是排队没有吃到早饭的。他很热心地邀我到他的房间去吃早饭。他是从苏联阿塞拜疆加盟共和国来的。我到他的房间后，他好像早有准备地从箱子中拿出来面包、香肠与生的青菜和我共享。我也拿去了一个沙丁鱼罐头，但是打开后他不吃，不好问他为什么不吃。阿塞拜疆的穆斯林很多，可能他是穆斯林。

1990 年的苏联，一切办事的方法很像改革开放前的中国，没有

和国际接轨；在经济上更落后于当时的中国。会议方组织了一个会后旅游项目，包括去爱沙尼亚的首都塔林、列宁格勒等地。可能当时苏联还没有正规的旅行社，是学校自己组织的旅游团。旅游团的女导游也是非常不专业的，在列宁格勒参观冬宫时，她带了她的小女儿来，说她女儿可以当英语讲解员，但是实际上她上小学的女儿什么都不会讲，我问她来过冬宫几次，她说一次，但是什么都记不清了。在出发前，团中一位我们学术会议上的欧洲人买了可口可乐喝，顺便送给这位女导游一罐，她问能不能再给她女儿一罐，那人只好又去买了一罐，但是女导游并没有喝，而是放了包中。在当时苏联涉外宾馆中的可口可乐卖一美元一罐，但是苏联人没有美元，所以可口可乐成为了稀有的珍贵饮料了。到了晚饭前，这位女导游把我们甩在宾馆，自己回家了。

吃晚饭时，在由参加这个学术会议的十几个人组成的旅行团中，有四五个苏联人，他们带领我们到宾馆的餐厅去吃晚饭。这是一个专门接待外国人的宾馆，但是餐厅中可吃的东西实在太少，没有各种酒类，连啤酒也没有，没有肉类，只有面包和一点西红柿、黄瓜等。结果，还是那几个苏联人早有准备，回房间拿来了一些马肉香肠，供我们大家品尝。

旅行团出发时，我向女导游要这次旅游的计划，因为我们不知道时间如何安排的，都到哪些景点。她根本拿不出计划。我追问她要，她说到列宁格勒宾馆入住前给计划，但是后来一直拿不出计划。在宾馆交房钱时还有一个插曲。宾馆要外国人交美元，并按照官方的汇率换算。这样相当于贵了约三十多倍。我就同前台收费人交涉，说我是中国人没有美元，中国是社会主义国家，你们也是社会主义国家，我应该交卢布。结果前台的值班员同意了。后来，我告诉团中的欧洲人（团中只有我一个持中国护照的人），他们说："还是社会主义好！"不过，他们不甘心被敲竹杠，于是派代表进到里面办公室交涉。我们等了一个多钟头，他们终于得到了满意的结果。

在爱沙尼亚的首都塔林时，我已经发现了苏联面临解体的前兆。在塔林街头，许多市民在三五成群地议论，虽然我无法接近，也听不懂，但是那个场面很像我们文化大革命时的街头大辩论。等到了列宁格勒后，大街上就热闹多了。在冬宫前面的广场上搭建起了演讲台，有人在台上用扩音器演讲。台下，人头攒动，许多人扛着白蓝红条的俄罗斯国旗（注：当时苏联的国旗还是镰刀斧头的红旗）……当时我很奇怪，在苏联好像警察也站在群众一边。看来这时苏联自上至下基本上都对党和政府失去了信心，难怪一年后苏联就解体了。

广场上没有苏联国旗，
而是沙皇时的俄国国旗

冬宫前集会的苏联群众

1990 年的苏联比我国改革开放前文革时期的经济和社会环境还差得多。我到莫斯科一家很大的百货公司，进去一看光滑的大理石地面和粗大的大理石立柱十分豪华，但是货架上空空如也。在一处柜台旁有人在排长队，我走过去一看，原来是在卖旧款拨号盘式黑色电话机，每人限买一台；而在中国那时各种颜色的漂亮按键式电话机已经非常普遍。在另一家店里，一群年轻人挤在柜台前买电唱机，那时苏联还没有盒式录音机卖；而在中国盒式录音机也很普遍了。还有一家百货公司在大门外挂有一张告示牌，上面写着"卖裙子 100 条"（只有一种花色），队伍从门内一直排到门外很远，我数了一下大约有 300人；不过秩序很好，没有人插队，后面的人明知自己很可能买不到，但仍耐心排队。从这一点可以看出，当时苏联人民的素质还是很高的。

　　当时我还发现了一个奇特的现象，就是在街上卖黄瓜和西红柿的摊子前排长队；而卖鲜花的摊子非常多，不需排队。晚上在餐厅中，常见一些卖花姑娘把花送到餐桌前卖。原来，在苏联黄瓜和西红柿是蔬菜，在集体农庄按照计划经济生产，供应紧张；而鲜花不算蔬菜，农民可以自由生产，所以供应充足。由此已经可以看出计划经济的致命问题了。在食品商店中能够买到的东西品种很少，货架上常常空空如也，或者是用上百个同一种罐头填满橱窗。

在明斯克无线电工程学院座谈

　　后来我去一所白俄罗斯的明斯克无线电工程学院参观。从接待我的一位教授那里得知了不少苏联当时的社会情况。首先，在苏联不允许个人持有美元等外币。他说若有人知道你有美元，克格勃就会找上门来，查问你美元是从哪里来的。克格勃是无处不在的，人们说话都非常小心。因为彩色胶卷都是要用美元买的，所以苏联人都无法买，我自然也没有看到冲洗彩色胶卷的商店（在1990年还没有数字相机）。另外，他们每家在农村都有一个"别墅"和一小块地。我在乘火车途中也看到过在乡村路边有一些小木头房子，大约三四十平米。他们每逢周末就到那里的自留地去种蔬菜自食，所以实际上是去劳动，而不是去度假。每年秋季土豆成熟季节，学校要停课，师生一起去农庄帮助农民收获土豆，这和我国当年每逢夏季要下乡帮助农民夏收的情况何其相似。像汽车和自行车一类的"大件"，在苏联也是凭票供应的。使我想到这和我国改革开放前的情况非常相似，不知道是谁向谁学的。在苏联买自行车要登记排队，等几个月或几年才能拿到票。买汽车也是如此，在学校中排队，可能要等几年，并且汽车的型号也要按照等级分配：学校的校长能买"伏尔加"一类的高级轿车；教授只能买"拉达"一类的普通轿车。

从列宁格勒回莫斯科买火车票也是一次特殊的经历。卖火车票的地方就在宾馆隔壁。我清早就去排队。那里排队的办法类似于当年中国：是由一位买票的群众拿一个本子登记排号。我一问得知我的排号要等到下午才能轮到买。我舍不得花一整天时间排队，就回到宾馆找到宾馆的服务员大妈，给她了 40 卢布请她替我去买，她很高兴地就答应了。真是有钱能使鬼推磨！从莫斯科回国我也是乘火车，以沿途观赏西伯利亚的风光。买回国火车票也是使我大开眼界。售票处是在一座大楼内，一堆买票

明斯克无线电工程学院的
女英语翻译娜塔莎

的人挤在楼内走廊上等待叫号。等到我进入售票室后，我发现偌大一间办公室，足有四十平米大，里面只有一张大写字台，后面的椅子上坐着一位售票员。每次只进去一人买票，室内倒显得非常空旷安静，和走廊上的嘈杂成鲜明对比。售票员看过我的护照后，开始写票。苏联的火车票不像中国的那样是一张纸或卡片，而是一个多页的小本子。里面写着你的姓名、国籍等护照资料和火车的日期、车次、车厢、卧铺号，非常详细。这样的卖票方法，我估算若每个人买票需要 6 分钟，那么一天 8 小时只能卖出 80 张票。

我这次乘火车回国经过蒙古国从二连浩特入境，一共走了 6 天。

我乘的车厢和国内的软卧类似，每间有上下铺 4 张床。车厢还算舒适，但是餐车供应的食品确实是不敢恭维。蔬菜类只有黄瓜和西红柿。若点黄瓜，则拿上来的是一个盘子中只有 6 圆片薄薄的生黄瓜，上面没有任何佐料，西红柿也是如此。此外，就是牛奶面包和鸡蛋了，没有任何饮料。在火车上没有事，除了偶尔和车上会说英语的旅客聊天外，就是看看窗外的风光。印象最深刻的是沿途无穷尽的茂密原始森林，以及经过贝加尔湖时看到的广阔平静水面，亲身体验到贝加尔湖如汪洋大海般辽阔的面积。火车在湖边行走数小时似乎仍然留在湖边，不由得使我想起两千多年前苏武在这里牧羊的故事，以及这里曾经是我国的版图。

二十九 欧美印象

1978年后，我多次访问外国大学，出席国际学术会议和探亲旅游，见闻颇多，其中"他山之石"不少，丑习陋俗也有，择要如下。

（1）严格遵守时间。给我印象最深刻的有两次，都发生在科罗拉多州。第一次，我在科罗拉多大学(UCB)访问期间，住在他们的招待所，那是一套带厨房和卫生间的二居室单元，还带有一个小阳台。住过一段时间后，在离开退房时，按照惯例学校管理部门要派人来验收房屋。我们事先电话约定好次日上午九点来验收。第二天，果然整九点，一分不差，有人来敲门。我问来人如何做到这样准时，来人说她已经到达门前几分钟了，等到了九点才敲门。第二次是我拜访科罗拉多州另一所大学的系主任，约定下午一点我到他办公室见面。我开车到达时，比约定时间早了约十分钟。敲门后，没有反应。我以为他还没有来，就站在门前等候。没有想到，到了一点整，房门打开了，系主任就在里面。

（2）制定规章制度不难，难在落实。在加州大学圣芭芭拉分校(UCSB)的校园内，道路分为三类，即汽车路、自行车路和步行路，而且在交叉路口都有明确的交通规则，所以行人和车辆之间不会发生矛盾。一次，我骑自行车经过一个步行小广场，结果一位执勤的学生（着装和路人没有任何区别，也没有戴袖章）马上过来制止。在斯坦福大学，一个大楼前的汽车停车场规定只允许停车一小时，停车场并没有人看守。开始我不知道这一规定如何执行。后来我仔细观察发现，校园警察在汽车的轮胎上用粉笔做上记号，过一小时后再来看若汽车上还有这个记号，就说明此汽车已经停留超过一个小时了。

（3）虚开发票的事在美国也不奇怪。一次我到一个零售店（Radio Shack）买些电子零件，要店员开发票。店员问我要写多少钱，我说照原价写。原来，在美国也有利用这种手段贪污的人。

（4）美国一些小商店往往不在商品上标明单价。一次我到纽约一个电气商店询问一种录音机的价格，问后没有买，黑人店员就近身拦住我，阻止我走，几乎有了身体接触，使人非常害怕。

（5）在上世纪80年代初期，我国赴美留学生和访问学者鲜有买汽车者，一般都用自行车代步。那时我听他们说，几乎每人的自行车都被偷过。后来，到1986年我也遇到了同样的事情。那时我刚到加州大学（UCSB），接待我的教授把他的自行车借给我。我每天骑它上班。车上原来没有锁，我只买了一把小锁来锁车。不料大约一个月后，一天下班时我找不到自行车了，只在地上找到了我锁车用的那把被拧坏了的小锁。后来听说，在校内常有开着卡车来批量偷自行车的人。

奇怪的是，在那里自行车常被偷，但是宿舍的大门却可以不锁，没有小偷来偷东西。估计是宿舍中没有容易搬动的值钱东西，或没有容易出售的东西可偷。

车被偷后，我马上向借给我车的教授说明情况，希望他向校方报告要求查找。他安慰我说没关系。我以为他是说算了，不必计较。没有想到半年后当我离开UCSB前，这位犹太血统的教授要他人转告我希望我赔他的自行车。

（6）说犹太人精于理财，会做生意，这话一点儿不假。还是关于这位犹太教授的事。我在到达UCSB前，先汇去了几百美元，存在这位教授处，他欣然应允。后来一次我希望他先垫付几百美元一两个月，他就不同意，说是要按照信用卡贷款的高利率付他利息。这让我领教了犹太人的厉害。

（7）一次我在英国萨瑞（Surrey）大学访问一个月。在此期间，遇到了火灾演习。演习很正规，事先有预告。演习开始，火警警报响起，办公室中全体人员马上疏散到楼外的空地上集中。我在国内工作和学习几十年，没有遇到过一次火灾演习。从火灾演习也可以看出英国人这种办事认真的精神。

（8）在英国萨瑞大学访问期间，由于我所在的小卫星研究所成绩斐然，英国女王将要来视察。为了迎接女王视察，这个研究所的小楼室内就开始粉刷油漆、更换地毯等。这一点倒有一点儿像我国许多单位应付领导来检查工作前的突击打扫卫生。看来在国内外都有面子工程这类事。

（9）在上世纪七十年代，美国经济运行平稳，社会秩序也比较好。1981年我去费城的宾州大学图书馆，可以随便进入看书；十多年后我再去时，没有该校的借书证就不让进门了，即使我出示我的加州大学借书证也不让进，因为偷书和故意损坏书刊的事件频发。1980年时，在美国每个加油站都有当地的地图可以免费索取；十多年后，这种地图只有到书店去花钱买了。似乎这十多年我国在走上坡路，而美国是在走下坡路。

（10）我到美国阿拉斯加旅游期间，乘坐长途大巴从靠近北冰洋沿岸盛产石油和天然气的普拉德霍湾（Prudhoe Bay）一直南行到安克雷奇（Anchorage），因大部分行程地处北极圈内外，沿途人烟稀少，土地荒芜，我们的大巴每隔两三个小时都要停一下，以便乘客下车活动休息和上厕所。我原来就曾想过，在这种地方没有电，没有自来水，卫生间会有抽水马桶吗？我以前在中国接待外宾旅游时遇到的尴尬，在这里怎么解决？所以我特别注意这里的厕所，即使自己不需要，也要进去体验一下。

没有想到，这里的厕所是干厕所，但是里面没有臭味。由下面的照片可以看到，这个厕所很小，只能容纳一人使用，不分男女，人多时要排队。我认为没有臭味的原因在于其设计的两个特点：一是房子地下的化粪池很深，二是化粪池有一个很高的"烟囱"，可以把化粪池中的臭气抽到高空，因此室内没有臭气。由于人们良好的卫生习惯，厕所内虽然没有人经常打扫，但是能保持得相当干净。我感觉，这样的干厕所不难在我国推广。

阿拉斯加荒野中的干厕所(只容一人入内，不分男女，人多时要排队)

带有高高的烟囱的阿拉斯加荒野中的干厕所

三十　生平第二次住院

2004 年我 73 岁，俗话说：七十三，八十四，阎王不叫自己去。我虽然没有死，但却经历了我有生以来的"真正"生病住院。四十七年前的住院拔牙不算是什么病，这次却是真病了。10 月初的一天早晨起床，我突然发现自己一条腿不能走路了。在校医院看外科大夫，大夫说是发炎，要我打三天青霉素吊针。打到第二天，在医院走廊上碰到一位熟识的内科大夫，她看到我走路的样子，提醒我去大医院做一次血管 B 超，看看有没有血栓。

我马上到西安有名的三甲医院（西安医学院附属医院）去看外科门诊。那里的医生一看我的腿，没有等我提出要求，马上要我去做血管 B 超。B 超回来后，医生一看结果说腘静脉中有血栓，马上要我住院。后来我才知道，血栓是一种可能致命的疾病，须要马上住院溶栓，并且要绝对静卧不动，否则血栓若沿血管移动到肺部，形成肺栓塞有致命危险。

等到联系好病床入住，已经耽误 5 天了。这是我有生以来的第二次住院。住院第一天诊查的大夫不知是什

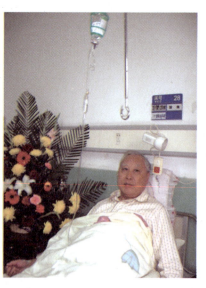

2004 年 10 月住院，段宝岩校长来看望，并送来鲜花

么资历，开了些口服和打针的药；等到第二天早晨，来查房大夫说用的药不对，马上要换溶栓的药。经过这些天的折腾，早已经过了溶栓

的最佳时间，所以住院十八天后就让出院了，血栓仍在原位。事后从该院熟悉的大夫那里得知，医院为了提高病床周转率，不希望病人长期住院。

　　住院期间我觉得还有一些趣事值得一提。住院数日后，医生要我去该院的药房买一双带弹性的袜子，说它有辅助治疗的作用。我让陪同的家人去买，被告知需要知道病人腿的长短粗细，必须本人亲自来买，而我被医生叮嘱不准下床行动，如何去买？第二天早晨，大夫来查房，第一句话就问"袜子买了没有？"当我说明情况后，大夫才安排轮椅让我再去买。次日早晨，大夫来后第一句话还是问袜子买了没有。我不知道大夫对于买袜子为什么这么关心。另外，大夫第一次让我买袜子时为什么不主动安排轮椅？似乎大夫首先关心的是袜子，而不是关心病人！这次买一双袜子花了人民币 300 元。不知道这种袜子为什么这样贵。另一件事，在住院初期，大夫开的药中有一种很普通的肠溶阿司匹林。到医院内的药房买时，答复是没有此药。后来大夫要我回学校的医院去买。为什么三甲医院会不卖阿司匹林？我想到的唯一答案是此药太便宜了。这种大医院喜欢卖 300 元一双的袜子，而不愿意卖几块钱一盒的阿司匹林，其中的奥妙不难理解。

　　这次生病我还悟到一个问题。我腿上血管中产生血栓，据说这是老年人常发病，原本是外科医生应该想到和诊断出的病，为什么我去校医院外科医生门诊时被告知是发炎，却被走廊中偶然碰到的内科医生提醒要我去做血管 B 超？这是不是在中国"熟人好办事"的一般规律？若是我在看门诊时外科医生及时要我做血管 B 超从而发现血栓，及时溶栓，就不会使血栓在我腿上长期存留至今。更有意思的是，当我拿外面医院的 B 超结果回来，给校医院原外科大夫看，要求他给办理住院手续时，他竟然狡辩说血栓也是发炎引起的，不承认是误诊。最后，这位误诊的外科医生和这位热心的内科医生是我永远不会忘记的，不过记住的感情是不同的。

三十一 八十岁生日

古人云：人生七十古来稀。2010 年我已经来到人世满 79 年，可以算是稀有动物了。遵照"过九不过十"的习俗，我周围的人都在筹划着为我庆祝八十大寿。首先是我的研究生们。从 1979 年起，我开始招收研究生。截至 1999 年退休我总共招收培养了硕士生、博士生和博士后共计六十余位。值得欣慰的是，除了极个别的外，这些学子都能顺利完成学业，取得学位，并且今天大都成为国内外各个单位的骨干力量。使我感动的是，2010 年在我八十岁生日之际，不少研究生从全国各地专程前来为我祝寿。有的研究生和好友还送来条幅。

我所在的研究室同事们也没有忘记我的生日，专门给我举办了生日宴会。我到美国后，儿子家也悄悄地邀请在美的亲戚为我开了个祝寿会，作为给我的一个惊喜，这主要是我儿媳一手操办的。这里不想多写文字，多晒点儿照片作为留念。

部分已毕业研究生从各地前来祝寿

研究生举办的祝寿座谈会

研究生在祝寿的宴会上

研究生送的生日蛋糕

研究室同事在祝寿宴会上合影

研究室同事在祝寿的宴会上

研究室同事送的生日蛋糕

国防工业出版社社长题写的藏头诗条幅

首届毕业研究生赠送的条幅

儿子家准备的生日蛋糕

在儿子家举办的祝寿聚会

（前排右起：甥媳张经伦，外甥徐韬，老伴陆心如，本人，外甥叶仲麟，甥媳宋平；后排右起：儿媳孙新辉，子樊洪敏，内侄陆致雄，内侄媳杜笑逸，甥女徐韡，徐韡之子）

三十二 丰收的二十年

　　1979 到 1999 年，是我在学术上取得丰收的二十年，在此期间我发表了二十多部著译和百余篇论文。下面照片是部分著译的封面。

部分著译的封面

　　除了《无线电多路通信系统》和自俄文翻译的《无线电中继通信》两本书出版于 60 年代外，其余均是 70 年代后出版的。这些书籍的内容主要是关于通信原理的。《通信原理》至今每五年修订一次，到 2014 年已经出版到第七版。第六版的发行量已经超过 50 万册，采用其作为教材或参考书的国内院校达 600 所左右。由于国内用量很多，因此出现了盗版书，盗版书比正版书便宜一半还多，不少学生买盗版书用，故估计第六版的用量应该远超过了 50 万册。

　　由于积极参与国内外的学会工作和学术活动，于 1991 年至 1996

年间，我先后被中国电子学会、中国通信学会、英国电机工程师学会（IEE）和美国电气和电子工程师学会（IEEE）等4个学会评选为会士（Fellow），会士是最高等级的会员。其中，美国电气和电子工程师学会（IEEE）的会士在国际学术科技界被认定为权威的荣誉和重要的职业成就，每年新增的 IEEE 会士人数不超过总会员数的千分之一。若会员年龄加会龄达到100岁，就成为终身会员，所以我于2011年成为了终身会士。

英国 IEE 会士证书（1995 年）

美国 IEEE 会士证书（1996 年）

IEEE 终身会士证书

中国通信学会会士证书（1993 年）

中国电子学会会士证书（1991 年）

1998 年 5 月 4 日北大迎来建校 100 周年校庆。校友会特地把电机系分到的出席在人民大会堂召开的校庆大会的仅有两张票分给我一张，他们说因为我是外地回京返校的校友，我想原因当然不仅如此。由于国家最高领导人江泽民在这次大会上提出中国要建设若干所具有世界先进水平的一流大学，因此教育部决定在实施"面向 21 世纪教育振兴行动计划"中，重点支持北京大学、清华大学等部分高等学校创建世界一流大学和高水平大学，并以江泽民在北京大学 100 周年校庆的讲话时间（1998 年 5 月）命名为"985 工程"。

1998 年在人民大会堂庆祝北京大学建校 100 周年大会上

2003 年 10 月在北京大学工学院建院一百周年纪念大会上，我被校友会推举代表电机系各届校友在校内的庆祝大会上发言。我不善于在这种场合说话，推辞不掉，只应付说了三两分钟。好在轮到我发言时，大会已经拖延过了午饭时间。讲短一点儿，可能会受大家欢迎的。

总之，这二十年，没有了政治运动，没有了悬在头上的各种"帽子"，没有了各种浪费时间的"运动"。这是我一生度过的最有意义的二十年。

2003 年 10 月在北大工学院建院一百周年
纪念大会上代表电机系校友发言

　　1999 年 11 月起，我"退休"了，这就是说，我的工资关系从系里转到了离退休工作处，并且停止招收研究生了；但是我还要负责指导已经招收的在校研究生，直至他们毕业。此外，我承担的科研任务也要进行到底。我在校外担负的一些职务也要工作到任期满为止。这些工作一直持续到大约 2004 年。此后才真正名副其实地退休了。退休后，十多年来，我的主要任务有两项：第一是完成出版社向我的约稿，给出版社编写新教科书和对原写教科书进行修订。这也算是发挥点余热。第二是旅游，希望在有生之年能遍访世界各地的名胜古迹。至今，已经到过全球五大洲、三大洋、五十多个国家。

三十三 旅游杂谈

　　旅游既能增长知识，增加乐趣，又能锻炼身体，何乐不为！在退休前，由于身负多项校内外职务，经常到全国各地出差开会。早期的出差纯粹是到外地工作。例如，去南京出差多次，有时一次住在南京长达数周，但是除了第一次去南京时曾晋谒中山陵外，其他的名胜例如玄武湖、雨花台、燕子矶、夫子庙等，都没有去过。到了70年代后，旅游气氛逐渐升温，每次外出开会后总会有一天左右时间到当地的名胜古迹去游览一番。由于一些全国性组织每年总要选定一个城市开会，通常不会总在同一个城市开会，所以国内各省几乎都去过。有一些委员会和小组，每年开会的人是固定的，时间长了，人也熟了，往往在一次会议散会前大家就提议下次开会的地点，希望去那些没有去过的地方开会。二三十年下来，几乎游遍了我感兴趣的全国主要名胜古迹。

　　退休前，因公出国十多次，同样只是在开会后有一两天时间在当地观光一下。上面提到退休前我感兴趣的国内旅游胜地大都去过了，所以退休后，主要集中在出国旅游，并且是心理上毫无负担地轻松观光。到目前为止，我已经到过五十多个国家和地区，其中亚洲有18个：日本、泰国、新加坡、马来西亚、印尼、越南、柬埔寨、印度、斯里兰卡、阿曼、阿联酋、伊拉克、约旦、以色列、土耳其、尼泊尔、巴勒斯坦、台湾；欧洲有27个：意大利、希腊、摩纳哥、西班牙、芬兰、爱沙尼亚、俄罗斯、波兰、瑞典、挪威、法国、英国、瑞士、德国、丹麦、卢森堡、白俄罗斯、拉脱维亚、荷兰、比利时、梵蒂冈、奥地利、罗马尼亚、保加利亚、塞尔维亚、克罗地亚、匈牙利、斯洛伐克；美洲有11个：美国、加拿大、墨西哥、古巴、哥斯达黎加、巴拿马、哥伦比亚、巴哈马、巴西、阿根廷、阿鲁巴；大洋洲 2 个：澳大利亚、新西兰；非洲 1 个：埃及。

现在讲述一下我印象深刻的一些经历。首先是参加了几项需要赶紧体验的活动，不然再老体力就不行了。这些活动是：在印尼巴厘岛的漂流，在澳大利亚乘直升机看大堡礁和在布里斯班乘热气球，以及在泰国的丛林滑索。

2008 年在印度尼西亚巴厘岛漂流

2015 年在泰国滑索

2012 年在直升机上

2012 年直升机在大堡礁着陆

2012 年在澳大利亚布里斯班乘热气球(左后排第 2 人是我)

正在点火的两个热气球 　　　从篮子侧面的踏脚小洞爬入篮内

　　乘热气球那天的凌晨三点半就要起床，在宾馆大厅等接我们的小巴去热气球起飞场。小巴能坐六七人，载的是分别住在不同宾馆的游客。行驶大约一个半小时后，小巴来到热气球起飞场，这时天已经蒙蒙亮。起飞场是一大片麦田，田中的麦子已经收割完了，场上停有两个热气球。我们到达时，已经有不少人到了，所以我们是乘第二个热气球升空的。为什么要这样早去乘热气球？我们的司机兼导游告诉我们，只有清晨时大气的气流才平稳，适合热气球飞行。我们乘的热气球上共有 22 位乘客，另有一位驾驶员。这 23 个人是站立在一个长方形竹篮子里的。这个篮子没有门，围栏高于腰部，只能脚蹬在篮子侧面的两个小洞上往上爬，所以对于不少老人来说这是第一关。在升空前，驾驶员还教大家一个动作，即在下降着陆时要面向围栏，两手紧握围栏，两膝弯曲，呈半蹲状。这个姿势对于有些老年人可能是第二个难题。热气球升空高度大约 300 米，地面上活动的小袋鼠清晰可见。

着陆后待折叠的热气球 　　　　游客帮助折叠热气球

我原以为在清晨高空中一定较冷，但是因为热气球中央有 4 个喷火器，在它喷火时，我所处的位置虽然在篮子的犄角，但是仍然感觉热气逼人。热气球由驾驶员控制慢慢地在空中飞行半小时左右，到另外一块麦田着陆，而我们的小巴则在地面跟随。着陆后，小巴接我们回到宾馆。在热气球着陆后，游客还有一个任务，就是帮助驾驶员折叠热气球。这是一项力气活，因为首先要把气球中的残留空气压出再折叠。偌大的一个气球，没有十多个人帮忙很难完成的。幸亏气球上只有我和老伴两个老人，可以"袖手旁观"，让年轻人去忙吧！

其次，印象深刻的经历是乘邮轮通过巴拿马运河。上中学地理课的时候，我就知道了巴拿马运河，总梦想有一天能看到。没有想到的是 2010 年这一梦想居然能变成现实。这年我和老伴乘珊瑚公主号邮轮，在加拿大温哥华上船，经过西雅图、圣地亚哥、墨西哥、哥斯达黎加，穿过巴拿马运河，经哥伦比亚、阿鲁巴，最终到达佛罗里达。

巴拿马运河连接太平洋和大西洋，被誉为世界七大工程奇迹之一。过去对它只有抽象概念，这次才弄明白了它的真实面貌。在下面的巴拿马运河剖面图中，右侧是太平洋，左侧是大西洋，全长 82 千米。由于中间丘陵湖泊地带地势较高，所以必须用三级水闸把水面从太平洋海面提高 26 米，到达大西洋侧，再用三级水闸把水位降低到大西洋海面。这相当于把邮轮抬到 7 层楼高，再放下。由于要利用陆地上的湖泊以减少工程量，巴拿马运河不是一条直线，而是如下面巴拿马运河平面图上画出的那条红色折线。

巴拿马运河剖面图

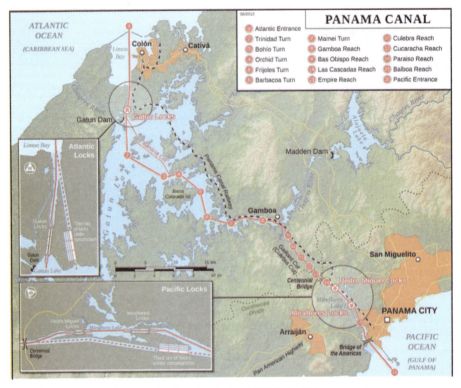

巴拿马运河平面图（图中红线）

珊瑚公主号邮轮

　　我们乘坐的珊瑚公主号邮轮排水量9万余吨，全长294米，宽32米，高62米，吃水8.2米，能容纳1970位旅客和900名船员。坐在这样大的船上通过巴拿马运河似乎不能满足我仔细观察体验运河的愿望，所以我利用公主号停留在太平洋口岸等待通过巴拿马运河的时间，乘坐小船通过巴拿马运河往返一次，以便更多地获得对巴拿马运河的了解。下面就用一些图片说明我的这段经历和看到的景象。

乘小船过巴拿马运河所见
（在通过巴拿马运河的小船上）

乘小船过巴拿马运河所见
（在小船上水闸前等待水位上升）

乘小船过巴拿马运河所见
（水闸中等待通过的许多小船）

乘小船过巴拿马运河所见
（双通道上闸门后的两艘货轮）

乘小船过巴拿马运河所见（这是
牵引车的轨道。为了保持拉力平
衡，各个牵引车用计算机控制拉
力，使船只不会碰到两岸）

乘小船过巴拿马运河所见（货轮
和邮轮宽度都只略小于水闸宽度
二三十厘米，故需牵引前进）

乘小船过巴拿马运河所见

（牵引车以前用蒸汽机，现在用内燃机，船两侧各需三四辆）

从邮轮上俯视运河

（高水位时闭合的闸门）

从邮轮上俯视运河　　　　　　　　　　从邮轮上俯视运河
（高水位时开启的闸门）　　　　　　（货轮等待水位降低，闸门打开，
　　　　　　　　　　　　　　　　　通常要等待几个小时）

从邮轮上俯视运河（闸门两侧低水位时，闸门即将打开）

　　我们乘小船从太平洋岸，沿巴拿马运河前进，在两个闸门间等待注水时，可以看到水位调节是由运河底部的进出水口控制的。由于水容量很大，所以放水一次需要几个小时。在到达大西洋水闸之前小船即折返到原出发地，我们又回到邮轮上，再乘邮轮正式通过巴拿马运河。邮轮等候了大约一天才进入巴拿马运河。后来，到2011年我乘邮轮通过苏伊士运河前往欧洲，以为像通过巴拿马运河那样有类似的壮观场面。没有想到，苏伊士运河根本没有船闸，完全像是一条普通的河流，毫无特色，有些失落感。

再一个印象较深刻的小小经历是在澳大利亚参观"国中之国"——赫特河公国(Principality of Hutt River)。它位于澳大利亚珀斯以北500多千米，面积约75平方千米，原来是澳大利亚的赫特河省，其独立主权国家的要求于1970年4月21日获得合法地位，但是未被澳大利亚和其他国家所承认。或者说，澳大利亚没有承认也没有否认这个公国。卡斯利(Leonard George Casley)自称是赫特河公国的国王。这里已经是一个在澳大利亚出名的旅游胜地。

赫特河国国旗

此事的起因在于卡斯利与西澳大利亚政府关于小麦配额问题的争议。卡斯利家族的农场当年有大约4000公顷的小麦丰收，但是政府只给他大约40公顷小麦允许出售的配额。在他与州政府争论中，他援引英国叛国法令第1495条，认为州政府的作为已经在事实上迫使他独立。他学过法律，所以能够在法律条文中钻了空子。

这个国家共有居民约20人，都是自己的家人。小国有自己的国旗、国徽、邮票，并颁发护照。在我们许多游客乘大巴去参观时，这位"国王"亲自在邮局中卖邮票、明信片等，并作为导游带领大家到各处参观与合影。

国王头像

赫特河国国王在卖邮票

赫特河省的标志仍在

国王和每个游客合影

欢迎来到赫特河大公国

　　第四个使我印象深刻的事物是因为我对于世界各地的少数民族感兴趣。在墨西哥旅游时，我去奇琴伊察参观了玛雅人在公元 11 至 13 世纪建造的金字塔。导游专门带我们去玛雅人的村落吃午饭。据导游讲，玛雅人的特点是身体矮胖，脖子短，好像头长在肩上似的，于是我特地在午饭后与餐厅中的玛雅人合影留念。

墨西哥玛雅人建造的金字塔

与玛雅人合影

　　另外一处值得回忆的地方是火地岛。我很早就在地图上注意到火地岛的名字，因为它地处南美洲的最南端。火地岛实际上是群岛，东部属阿根廷，西部属智利。火地岛的主岛又称大火地岛，我们这次去的是主岛南端的首府乌斯怀亚，主要目的是看冰川。乌斯怀亚是西班牙语 Ushuaia 的音译，但是当地人告诉我们这里的人发音不是"乌斯怀亚"，而是"乌刷牙"，显然这是按照英语发音的。Ushuaia 这个名字最早是由英国殖民者根据当地土著居民的名字来命名的，怪不得当地人按照英语发音，而这里现在属于使用西班牙语的阿根廷，所以叫它乌斯怀亚。

　　这里原是印第安人的居住地。我们要去看冰川的地方就是印第安人的领地。政府为了解决当地印第安土著人的就业，规定来旅游的人必须由当地土著人当导游。我们有随团的华语导游，但是也必须增加一位土著人导游，每天要付给他 200 美元的导游费。这位土著导游坐在车中，始终一言不发，他说话我们也听不懂。为了不使这个土著导游完全没有事做，也是为了留个纪念，我就与他合个影，使他多少做些贡献。

火地岛乌斯怀亚的冰川　　　　　　　　与火地岛土著人合影

　　去南美洲的重要目的之一是看伊瓜苏大瀑布。伊瓜苏大瀑布是世界上最宽的瀑布，位于阿根廷、巴西和巴拉圭三国交界处伊瓜苏河与巴拉那河合流点上游 23 千米处，为马蹄形瀑布，高 82 米，宽 4 千米。1984 年，被联合国教科文组织列为世界自然遗产。在阿根廷或巴西都可以观赏此瀑布，我们是在阿根廷境内观光的。提醒一下，去参观伊瓜苏瀑布，一定要穿雨衣，因为从几十米高飞落下来的大瀑布，溅起来的水雾是雨伞遮挡不住的。去之前没有人告诉我们，所以我的裤腿全湿透了。这个瀑布比美国的尼亚加拉瀑布更为壮观。

伊瓜苏大瀑布

　　我感觉最神秘的古迹之一似乎是约旦的佩特拉。佩特拉是约旦著名的古城遗址，位于约旦首都安曼以南约 250 千米处，1985 年被联合国教科文组织列入世界遗产名录。佩特拉古城于公元前 6 世纪开始由游牧民族的阿拉伯人建造，它处于与世隔绝的深山峡谷中，几乎全是在悬崖绝壁的岩石上雕刻成的。在公元前 1 世纪左右佩特拉相当繁荣，后来逐渐衰落，到公元 7 世纪时已是一座废弃的空城。直到 1812 年瑞士人波尔克哈特（J. L. Burckhardt）重新发现了它，才为世人所知。佩特拉城的入口是一条长约 1.5 千米的狭窄峡谷。峡谷最宽处约 7 米，最窄处仅 2 米。走出峡谷后，豁然开朗，出现神庙、宫殿、剧场等宏伟建筑，还有一座能容纳两千多人的罗马式露天剧场，以及许多民居。

佩特拉卡兹尼神殿

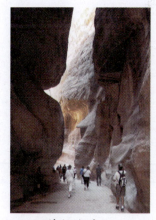
佩特拉古城入口

进入这座古城的必经之路虽然只有 1.5 千米，但是却很难走，其中不少段是砂石子的路面，走每步都非常吃力。这段路只有很少几辆当地阿拉伯人的马车通行，为游人服务，要价大约每人 30 美元（2011 年我去时的行情），所以只有很少游人乘坐。除了因为贵，更重要的是乘车不如自己步行可以慢慢地自由观光；特别是若随团旅游，要听导游讲解，则必须步行。

佩特拉露天剧场遗址

佩特拉城宫殿遗址

到约旦旅游，除了去看有名的世界遗产佩特拉古城外，一定要去死海体验一下漂浮的感觉。死海位于约旦和以色列交界处，从这两个国家都可以去观光，但是似乎以色列这边的环境和设施要好一些。

漂浮在死海上

佩特拉峡谷中行走的马车

这里想说一下乘坐邮轮的印象。乘坐邮轮到世界各地观光，对我来说，最大的好处是不必到一个城市就要换一个宾馆。我很讨厌每天打开行李和收拾行李。乘邮轮时，可以住在邮轮上十多天或几十天，不用打包行李搬来搬去。我6次乘坐公主号邮轮到世界各地旅游，包括2009年5月乘红宝石公主号15天从意大利威尼斯登船到达西班牙巴塞罗那的环地中海游；2009年6月乘翡翠公主号13天从丹麦哥本哈根登船的环波罗的海游；2010年8月乘海岛公主号8天从阿拉斯加安卡拉奇到加拿大温哥华；2010年9月乘珊瑚公主号18天从温哥华经过墨西哥、巴拿马运河到达佛罗里达；2011年4月乘海洋公主号28天从新加坡经苏伊士运河到达罗马；2012年10月乘碧海公主号34天环澳大利亚和新西兰游；共计116天。

　　我乘坐公主号邮轮一次以后，就感觉它最适合我们老年人外出旅游，所以以后就老是乘坐公主号。公主号上的乘客基本上百分之九十以上都是老人，而且不少是残疾人或体弱者，有坐轮椅的，有挂双拐的，有患帕金森症的。俗话说：物以类聚，人以群分。在这个邮轮上因为大都是老人，所以比较安静，没有喧闹；更没有对老人的歧视和不尊重。船上的应急措施也比较到位。在这6次乘坐邮轮中，有3次都遇到发生紧急事件，其中一次一位老年妇女走楼梯不慎，摔倒在大理石地面上。当时她正在我身后，只听得一声巨响，回头看她已经倒在地上，耳朵有血丝渗出。船上的医生马上来急救，后来由直升飞机把伤者接走。之后两次发生急病的人，一次被直升飞机接走，一次因为距离海岸不太远，由岸上派出一艘小船接走。从这些情况可以看出，外国人和中国人的一个不同点：中国老人，特别是身体不佳的，多数不敢也不想外出旅游，而外国老人则不然。邮轮每次靠岸，都有至少一天时间可以上岸游览。有一次我见到一对老年夫妇，即使借助手杖也不能长时间走路，但是他们仍然上岸，坐在大巴上随同其他游客游览；到达博物馆等景点后，并不下车，等待他人下车参观。他们只坐在大巴上观赏沿途风景，也是自得其乐。我非常佩服他们的这种心态。

一次我在邮轮上突然左脚疼痛，不能走路。我到船上的医务室去就诊。医生看了我脚，诊断说可能是痛风，给我开了药，要我第二天再去复诊。大概我在船上吃海鲜太多，第一次患痛风。吃了医生给的药，第二天就能走路了。在船上看病，挂号费60美元，药只花了不到2美元。第二天去复诊并不用再挂号和花钱。这样的诊费和药费比例，和国内的相比说明什么呢？

有的人以为乘坐豪华邮轮旅行可能很贵，实则不然。以公主号邮轮为例，按照舱位等级不同（分阳台舱、海景舱、内舱等），每人每天船费约在100至200多美元，其中包括3餐（24小时自助餐和正餐）、下午茶、船上夜生活（每晚的剧场舞台表演、卡拉OK、舞会等），船上还有健身房、篮球、乒乓球、高尔夫球、游泳池、图书馆、棋牌室等运动休闲设施，以及各种讲座。若白天在海上航行，则还安排有免费的冰雕表演、杂技表演、厨艺表演和乐器演奏等，还会组织游客进行各种球类比赛。卧室中则有带淋浴的卫生间，电视机，电冰箱等标准配置，类似城市中的宾馆，只是面积小而已。所以有的外国老人就长年住在邮轮上，比住宾馆还合算。

船上的工作人员服务精神是无可挑剔的。从船长到卧室服务员，都是热情周到，礼貌有加。有一次我用卧室中的征求意见表写了一份意见，希望在餐厅中能提供中文菜单，因为英文菜单常常很难看懂。船上上千位乘客中可能只有我们两个中国人，但是餐厅非常重视我们的意见。一两天后，我们得到答复说，自助餐厅中因为食品种类太多，都加上中文标签难以做到，但是在正餐厅可以为我们每天用E-mail从旧金山发中文菜单到船上。于是，每天都有专门印制的精美中文菜单送到我们的餐桌。后来，一天的晚餐中文菜单上有龙虾，我们当然点了龙虾，但是英文菜单上写的并不是Lobster，而是莫名其妙的一些抽象名词，隔壁桌上的两个德国人也看不懂，就没有吃到龙虾。

在2010年我曾经乘坐了当时世界上最大的邮轮——海洋绿洲号

（Oasis of the Seas），它360米长，65米宽，72米高（有16层甲板），排水量22万吨（有泰坦尼克号5倍多大），可容纳6000名乘客。船上有中央公园、步行街、娱乐中心、21个游泳池、以及攀岩墙、冲浪池等设施。这个邮轮上有很多中青年夫妇带小孩来玩。船上的气氛和公主号完全不同，吵吵闹闹，我不太喜欢。

目前（2010年）世界最大的邮轮——海洋绿洲号

　　最后谈一点儿感想。俗话说：耳听为虚，眼见为实。此话有一定的道理。虽然眼见的事物不一定为实，例如魔术；但是眼见总比耳听更可靠些。著名耐克（NIKE）运动鞋的商标为什么那么简单，只有一撇？在网上百度的多条解释是说，耐克是希腊胜利女神，而此商标表示希腊胜利女神的翅膀，有的说是翅膀上的一根羽毛。当我到达希腊古城以弗所（Ephesus）见到此女神的雕像时，导游指出耐克商标是以此女神衣服上的一根飘带为设计灵感的。我看到此女神的雕像虽然有翅膀，但是耐克商标显然和她的翅膀没有关系，倒是和飘带很像，于是我相信导游的说法。联想到我前面提到的做学问要尽量查看第一手原始资料，别人引述的论点不一定正确。这里的例子也可以作为一个旁证。

耐克商标

希腊古城以弗所的胜利女神雕像的那根飘带

附录一 主要著译及论文目录

书 籍

[1] 樊昌信等译:《无线电中继通信》,(译自俄文书: C. B. БОРОДИЧ, B. П. МИНАШИН, A. B. СОКОЛОВ, "РАДИОРЕЛЕЙНАЯ СВЯЗЬ"1960, MOCKBA.),人民邮电出版社,1963 年.

[2] 樊昌信编著:《无线电多路通信系统》,1963 年,校内出版.

[3] 胡征、樊昌信等译校:《通信系统理论讲座》,(译自英文书: E. J. Bagh-dady, editor, "Lectures on Communication System Theory," Mc Graw-Hill, New York, 1961),人民邮电出版社,1966 年 9 月.

[4] 樊昌信等编著:《数字通信原理》,海军司令部通信部印刷出版,1974 年 1 月.

[5] 樊昌信编:《数字通信原理》,西北电讯工程学院出版,1975 年 1 月.

[6] 路卢正译、樊昌信校:《通信系统》,(译自英文书: B. P. Lathi, "Communi-cation Systems," John Willey & Sons, Inc. 1968),国防工业出版社,1976 年.

[7] 樊昌信编著:《数字通信简述》,人民邮电出版社,1977 年 8 月.

[8] 胡征、樊昌信等编著:《沃尔什函数及其在通信中的应用》,人民邮电出版社,1980 年 6 月.

[9] 樊昌信等编著:《通信原理》,国防工业出版社,1980 年第一版,1984 年第二版,1988 年第三版.

[10] 樊昌信等编著:《工程矩阵方法》(中英文对照),电子工业出版社,1988 年 4 月.

[11] 樊昌信编著:《数字专用集成电路设计》,人民邮电出版社,1993 年 12 月.

［12］樊昌信等编著：《通信原理（第 4 版）》，国防工业出版社，1995 年.

［13］樊昌信等编著：《通信原理（第 5 版）》，国防工业出版社，2001 年.

［14］樊昌信编著：《通信原理教程》，电子工业出版社，2005 年第一版，2008 年第二版.

［15］樊昌信等编著：《通信原理（第 6 版）》，国防工业出版社，2007 年.

［16］樊昌信等编著：《通信原理及系统实验》，电子工业出版社，2007 年.

［17］曹丽娜、樊昌信编著：《通信原理（第 6 版）学习辅导与考研指导》，国防工业出版社，2007 年.

［18］John G, Proakis, Masoud Sallehi 著，樊昌信改编：《Fundamentals of Communication Systems》，电子工业出版社，2007 年.

［19］樊昌信主编：《现代通信原理》，人民邮电出版社，2009 年.

［20］樊昌信编著：《Principles of Communications》，电子工业出版社，2010 年.

［21］樊昌信等编著：《通信原理（第 7 版）》，国防工业出版社，2012 年.

［22］曹丽娜、樊昌信编著：《通信原理（第 7 版）学习辅导与考研指导》，国防工业出版社，2013 年.

中 文 论 文

［1］樊昌信："电容耦合振荡器的相位补偿"，1958 年，西电学报.

［2］樊昌信："小容量频分制调频多路接力通信设备的主要参数的决定方法"，1963 年，西电第二届学术讨论会.

［3］樊昌信："矩形包络信号石英积分器的研究"，1964 年陕西省电子学会通信专业会议.

［4］樊昌信："试制石英动态滤波器的初步结果"，1965 年 9 月，全国第一次电报通信和数据传输学术会议，上海.

［5］樊昌信："高频电离层信道的数据传输"，1972 年 708 工程会议.

［6］樊昌信："Walsh 函数及其在通信中的应用"，《国外电子技术》特约稿，1974 年第一期.

［7］樊昌信："数字通信对单边带电台的要求"，单边带通信会议，1974 年 10 月，无锡.

［8］樊昌信："数字通信讲座"，《无线电技术》连载，1975 年 1～10 期.

［9］樊昌信："沃尔什函数应用研究之进展"，西北电讯工程学院学报，1977 年第 1 期.

［10］樊昌信："《序率理论——基础与应用》"，通信学报，1981 年第 2 期，p. 94.

［11］樊昌信："关于偶数路择多复用"，通信学报，1981 年第 4 期，pp. 33 - 42.

［12］樊昌信："关于 EMC 的译名和范畴的探讨"，电子学报，1984 年 5 月，pp. 111 - 112.

［13］樊昌信："数字系统设计中的谱方法"，电信科学，1985 年 5 月，pp. 3 - 8.

［14］樊昌信："单片数字信号处理器的新进展"，电信科学，1987 年 12 月，pp. 53 - 56.

［15］樊昌信、马潍："TMS32020 实现的声码器"，电信科学，1988 年 6 月，pp. 33 - 37.

［16］樊昌信："WE DSP 32 型数字信号处理器"，电信科学，1988 年 9 月，pp. 52 - 60.

［17］王都生、樊昌信："数据分组交换网性能的模拟分析"，通信技术与发展，1989 年 3 月.

［18］万旺根、樊昌信："离散空间法求耳蜗模型的频率响应"，电子科技杂志，1990 年 3 月.

［19］马鸿飞、樊昌信："混合量化线谱对声码器"，通信学报，1990 年 4 月.

［20］杨俊、樊昌信："耳蜗运动机理的数学模型"，生物数学学报，Vol. 5, No. 3, 1990 年，pp. 87 - 93.

［21］孙玉轩、樊昌信："开关电源输出端电磁兼容性问题的研究"，安全与电磁兼容，1991 年 1 月.

［22］万旺根、樊昌信："耳蜗流体粘滞性问题探讨"，西安电子科技大学学报，1991 年 2 月.

［23］孙玉轩、樊昌信："开关电源输入端电磁干扰频谱分析及其抑制"，西安电子科技大学学报，1991 年第 4 期.

［24］杨俊、樊昌信："耳蜗力学与微观学建模"，西安电子科技大学学报，Vol. 18, 增刊，1991 年 5 月，pp. 37 - 42.

［25］万旺根、樊昌信："一种新的二维耳蜗模型"，通信学报，1991 年 11 月，

pp. 23 – 29.

［26］杨俊、樊昌信："非线性离散时间耳蜗力学建模、Volterra 泛函分析及在语声处理中的应用"，中国电子学报，1992 年 1 月，pp. 28 – 34.

［27］杨俊、樊昌信："听觉模型及其应用"，电子科学学刊，1992 年 1 月.

［28］杨俊、樊昌信："耳蜗模型的 Volterra 泛函分析"，电子学报，1992 年 1 月.

［29］万旺根、樊昌信："耳蜗中粘性流体的速度分布及压力梯度分布"，西安电子科技大学学报，1992 年 3 月，pp. 17 – 24.

［30］桂洛宁、樊昌信："用于 ATM 网突发性业务阻塞控制的缓冲漏桶算法性能分析"，西安电子科技大学学报，1992 年 4 月.

［31］杨俊、樊昌信："耳蜗理论与应用研究进展"，西安电子科技大学学报，1992 年 4 月.

［32］万旺根、樊昌信："正弦激励下的非线性耳蜗模型：传输函数及频率"，西安电子科技大学学报，1992 年 4 月.

［33］杨俊、樊昌信："非线性耳蜗力学模型和偏移技术解法"，电子科学学刊，1992 年 6 月.

［34］桂洛宁、樊昌信："一种分析通信网的新模拟工具 COMNET II. 5"，电信科学，1993 年第 2 期.

［35］樊昌信、薛向阳："数字图像信号编码最新进展"，电信科学，1993 年 4 月.

［36］刘德修、郭万里、樊昌信："计算机信息泄漏的机理分析"，西安电子科技大学学报，1993 年 7 月，pp. 78 – 83.

［37］薛向阳、樊昌信："SOFM———一种简单的信源-信道联合编码方案"，1993 年全国神经网络大会.

［38］樊昌信、薛向阳："数字图像编码综述"，世界电子信息，Vol. 2，No. 2，1994 年 3 月，pp. 18 – 24.

［39］万旺根、樊昌信："语音激励下的耳蜗传输特性"，电子学报，1994 年 4 月.

［40］王都生、樊昌信："语音编码和声码器"，电子科技，1994 年第 4 期，p. 64.

［41］桂洛宁、樊昌信："ATM 突发性业务阻塞控制"，通信学报，1994 年 9 月，pp. 113 – 120.

［42］樊昌信："美国移动通信产业现状和发展趋势（一）"，电子科技导报，

1994 年第 6 期.

[43] 姚富强、杜武林、樊昌信："直接序列扩展频谱中伪码优选研究"，通信学报，Vol, 15, No, 4, 1994 年 7 月，pp. 73 - 78.

[44] 谢延廷、樊昌信："一种新型 FPGA 器件及其应用"，西部电子，1995 年 1 月.

[45] 樊昌信："美国移动通信产业现状和发展趋势（二）"，电子科技导报，1995 年第 1 期.

[46] 樊昌信："语音编码技术进展"，移动通信，1995 年 2 月，pp. 33 - 35.

[47] 樊昌信："美国移动通信发展及其频谱利用"，微波与卫星通信，1995 年 2 月，pp. 2 - 7.

[48] 王都生、樊昌信："4. 8kbps 多带激励音编码器的模拟实现"，西安电子科技大学学报，1995 年 3 月.

[49] 王都生、樊昌信："多速率声码器系统"，电子科技，1995 年第 3 期.

[50] 薛向阳、樊昌信："基于自组织特征映射的图像矢量量化研究"，电子学报，Vol. 23, No. 4, 1995 年 4 月，pp. 24 - 29.

[51] 桂洛宁、樊昌信："ATM 网信息元选择性丢失的分析"，电子学报，1995 年 7 月.

[52] 薛向阳、陈学青、樊昌信："基于旋转 Barnes - Wall 格的增益-波形矢量量化器及其在序列图像编码中的应用"，电子科学学刊，1995 年 11 月，pp. 569 - 576.

[53] 薛向阳、樊昌信、陈学青："一种基于双正交小波变换和格型矢量量化的视频编码算法"，通信学报，1996 年 2 月，pp. 56 - 62.

[54] 樊昌信、汪斌强："ATM 交换结构综述"，电路与系统学报，1996 年第 3 期.

[55] 樊昌信："低轨道微卫星通信系统"，中国电子学会第五届学术工作委员会第四次全会论文集，1996 年 4 月，pp. 37 - 39.

[56] 王都生、樊昌信："16kbps 低迟延码激励线性预测语音编码的研究"，西安电子科技大学学报，1996 年 4 月.

[57] 汪斌强、樊昌信："一种新的高性能 ATM 共享存储交换单元"，电路与系统学报，1996 年 4 月.

[58] 樊昌信"欧洲 B - ISDN 试验网：TRIBUNE"，电信科学，1996 年 5 月，pp.

13 – 18.

［59］汪斌强、樊昌信："NE－2000 以太网卡通信过程控制"，计算机与通信，1996 年 9 月.

［60］王育红、张厥盛、樊昌信："相位累加器溢出脉冲的频谱分析"，西安电子科技大学学报，1996 年 9 月，pp. 11 – 17.

［61］马鸿飞、樊昌信："一种小波变换音频编码算法"，西北大学学报（自然科学版），26 卷增刊，1996 年 10 月，pp. 296 – 299.

［62］樊昌信："关于发展我国微、小卫星通信、侦察、遥感系统工作的建议"，国防科工委小卫星专题研讨会，1996 年 11 月 12 日.

［63］鲍长春、戴逸松、樊昌信："语音压缩编码中的两种基音预测器"，电子科学学刊，1996 年 12 月，pp. 582 – 589.

［64］鲍长春、戴逸松、樊昌信："4.2kb/s 码激励线性预测语音编码方案的实时实现"，电子科学学刊，1997 年 1 月，pp. 50 – 55.

［65］汪斌强、樊昌信："ATM 交换单元基本排队策略性能分析"，西安电子科技大学学报，1997 年 2 月.

［66］汪斌强、樊昌信："以太网－ATM 网通信网关实验研究"，西安电子科技大学学报，1997 年 3 月.

［67］薛向阳、樊昌信："一种基于双正交小波变换的静止图像编码算法，电子学报，1997 年 4 月.

［68］弓小武、樊昌信、刘玉书："一种新型 MOS 控制功率器件"，电力电子技术，1997 年第 2 期，pp. 88 – 90.

［69］刘颖、刘勃、樊昌信："一种改进的二进制自适应算术编码数据转换方法"，通信学报，1997 年 6 月，pp. 94 – 97.

［70］王育红、樊昌信、薛筱明："ADC 在数字化中频接收机中的应用"，第五届青年通信学术会议论文集，北京，1997 年 6 月，pp. 132 – 135.

［71］弓小武、樊昌信、刘玉书："MOS 功率器件的新成员——MBSIT"，电力电子技术，1997 年 8 月，pp. 81 – 83.

［72］汪斌强、樊昌信："一种基于 Cross－bar 空分交换的共享总线型 ATM 交换单元"，通信学报，1997 年 9 月.

［73］汪斌强、樊昌信："以太网－ATM 网通信网关实验研究，第 24 卷，第 3 期，

西安电子科技大学学报, 1997 年 9 月, pp. 425 – 431.

[74] 郭峰、樊昌信："Internet 的原理与构筑", 电信科学, 1997 年 10 月, pp. 2 – 7.

[75] 任伟利、樊昌信："PRMA/TDD 多址协议下的数据-话音综合", 通信学报, 1997 年 11 月.

[76] 胡捍英、邬江兴、樊昌信："高斯信道和多径衰落信道中码分多址系统的性能", 西安电子科技大学学报, 1998 年 2 月, pp. 56 – 61.

[77] 任伟利、樊昌信："无冲突 NC – PRMA 协议的研究", 通信学报, 1998 年 3 月, pp. 7 – 14.

[78] 鲍长春、樊昌信："线谱对频率参数的分裂矢量量化", 电子科学学刊, 1998 年 4 月.

[79] 樊昌信："和英国萨瑞大学的合作研究与交流", 国际合作与交流研讨会征文文集, 国家自然科学基金委员会信息科学部, 1998 年 5 月, pp. 30 – 31.

[80] 樊昌信："实境与虚境", 科学技术语研究, 1998 年 6 月, pp. 40 – 41.

[81] 马鸿飞、樊昌信、宋国乡："基于 M –频带小波变换的宽带语音编码算法", 通信学报, 1998 年 6 月, pp. 20 – 25.

[82] 王育红、薛筱明、樊昌信、李建东："一种全数字接收机结构", 西安电子科技大学学报, 1998 年 6 月, pp. 110 – 115.

[83] 胡捍英、邬江兴、樊昌信："1 bit 量化相关接收 DS/CDMA 通信方式及性能", 西安电子科技大学学报, 1998 年 6 月, pp. 16 – 21.

[84] 汪斌强、樊昌信："一种新型模块化内部无阻塞的自选路由 ATM 交换网络", 通信学报, 1998 年 7 月, pp. 66 – 71.

[85] 王育红、薛筱明、樊昌信、李建东："一种新的波特率采样定时同步方法", 电子科学学刊, 1998 年 8 月, pp. 101 – 107.

[86] 马鸿飞、王凯东、樊昌信、宋国乡："小波变换音频编码算法研究", 电路与系统学报, 1998 年 9 月, pp. 98 – 102.

[87] 任伟利、樊昌信："时分双工方式下的 F – PRMA 协议及其性能分析", 电子学报, 1998 年, 10 月.

[88] 鲍长春、樊昌信："基于归一化互相关函数的基音检测算法", 通信学报, 1998 年 10 月.

[89] 樊昌信："语音编码及其在无线通信中的应用", 1998 两岸无线通讯研讨

会论文集, 1998 年 10 月 7 - 8 日, 长庚大学主办, pp. 115 - 121.

[90] 任伟利、樊昌信: "无冲突 NC - IPRMA 协议下的数据-话音综合", 通信学报, 1999 年 1 月, pp. 34 - 41.

[91] 王都生、樊昌信: "1200/2400bps 改进型多带激励声码器的实时实现", 电子学报, 1999 年 1 月.

[92] 王育红、薛筱明、樊昌信、李建东: "一种全数字定时同步方法的改进", 西安电子科技大学学报, 1999 年 2 月, pp. 120 - 122.

[93] 王都生、铁满霞、樊昌信: "一种实用的双向跟踪基音周期平滑算法", 电子学报, 1999 年 10 月, pp. 109 - 111.

[94] 马鸿飞、樊昌信、宋国乡: "基于小波变换和音质模型的音频编码算法研究", 电子学报, 2000 年 1 月, pp. 26 - 29.

[95] 王都生、铁满霞、樊昌信: "一种实时基音检测算法", 电子学报, 2000 年 10 月, pp. 10 - 12.

[96] 马鸿飞、张卫东、樊昌信: "音质控制的变速率音频编码算法", 电子科学学刊, 2000 年 12 月, pp. 51 - 58.

[97] 李毅、樊昌信: "MPLS 的路由机制和 QoS", 电子科技, 2001 年 1 月.

[98] 冯磊、樊昌信: "无线个人局域网技术综述", 电子科技, 2001 年第 2 期.

[99] 宁向延、樊昌信: "软件无线电及其评价", 电子科技, 2002 年 1 月.

[100] 赵力强、樊昌信: "基于 DSP 的扩频电台基带模块的设计与实现", 电子技术应用, 2002 年 10 月.

[101] 卢朝阳、周幸妮、高西全、樊昌信: "三角形网格基活动图像编码研究——基本框架和 I 帧编码", 通信学报, 2002 年 10 月, pp. 67 - 71.

[102] 卢朝阳、周幸妮、高西全、樊昌信: "三角形网格基活动图像编码研究-运动估计、运动补偿和残差图像处理", 通信学报, 2002 年 11 月, pp, 66 - 74.

[103] 赵力强、樊昌信: "ADCF:IEEE802, 11DCF 协议的自适应简便算法", 电路与系统学报, 2003 年 8 月, pp. 100 - 102.

[104] 赵力强、杨军、樊昌信、李建东: "公用无线局域网的位置管理策略", 计算机学报, 2004 年 2 月.

[105] 赵力强、樊昌信: "支持智能自适应阵列天线的无线局域网媒体接入控制协

议",西安电子科技大学学报(自然科学版),2004年8月,pp,602－607.

[106] 樊昌信:"一种发展中的新移动通信方式——平流层通信研发概况",现代电子技术,2005年10月.

外 文 论 文

[1] Fan Changxin, Zhang Zengjun: "New Design of a 64 kbps Modem", Globecom 89, Dallas, Texas, Nov. 27－30, 1989, pp. 54. 6. 1－54. 6. 5.

[2] Fan Changxin, MaHongfei: "Comprehensive Improvement in Low Bit Rate Speech Coding, " Globecom '89, Dallas, Texas, Nov. 27－30, 1989, pp. 54. 3. 1－54. 3. 5.

[3] Yang Jun, Fan Changxin: "Harmonic Coding Based on a Peripheral Auditory Model, " International AMSE Conference on Signal & Systems, Dalian, China, 18－20 September 1989, pp. 155－164.

[4] Fan Changxin, Ma Hongfei: "A Fast Algorithm for LSP Encoding in Real Time," Proc, 1990 International Symposium on Information Theory and Its Applications, Nov. 27－30, 1990, Hawaii, USA, pp. 583－586.

[5] 樊昌信:"情报社会と中国の通信事业",《情报社会への道》专集,日本オーム社,1990年9月,pp. 111－127.

[6] Fan Changxin: "Development of Telecommunications Undertakings in China", IEEE Communications Magazine, Vol. 29 , No. 7, July 1991, pp. 16－17.

[7] Yang Jun, Fan Changxin: "Modeling of Nonlinear Cochlear Mechanics, " ACUSTICA, S, Hirzel Verlag·Stuttgart, Vol. 77 (1992), pp. 100－105.

[8] Gui Luoning, Fan Changxin, Tie Manxia: "The Architecture and Experiment of the Customer Premises Network for a Microwave ATM Network, " Proc, IEEE TENCON 93, Vol. 3 of 5, Oct. 19－21, 1993, pp. 263－265.

[9] Liu D. , Jiang X. , Guo W. , and Fan C. :"A Suggestion of Estimating Electromagnetic Compatibility Performance of Equipments and Subsystems, " Proc. 1993 CIC Conference on EMC, pp. 32－35, October 1993.

[10] Xue X. and Fan C. :"Index-predicted Vector Quantizer for Image Coding, " Proc. IEEE TENCON '93, Oct, 19－21, 1993, Beijing, China, pp. 66－71.

[11] Fan C. : "A Method to Encode Speech at 1, 200 bps, " Journal of Xidian University, Vol. 20, Supp, pp. 53 − 37, 1993.

[12] X. Xue, Fan C. : "High Compression Vector Quantisation Scheme for Image Coding, " Electronic Letters, Vol. 29, No. 10, 13th May 1993, pp. 839 − 841.

[13] Xue X. and Fan C. : "A Variable Bit Rate Image Vector Quantization Scheme for ATM Environment, " ProC. ICCT′94, Shanghai, China.

[14] Wan W. and Fan C. : "Transfer Characteristics of Cochlea Excited by Speech Signal, " Acta Electronica Sinica, Vol. 22, No. 4, April 1994.

[15] Gui Luoning and Fan Changxin: " A queuing Model of a Priority Cell Discarding Method for ATM Networks, " Journal of Xidian University, Vol. 21, No. 5, December 1994, pp. 37 − 43.

[16] Xue X. and Fan C. : "Lattice Vector Quantizer for Multiresolution Motion-Compensated Residual Subimages Coding in Wavelet Transform Domain, " Proc. International Conference on Telecommunications, Bali, Indonesia, April 1995.

[17] Xue X. and Fan C. : "Study on SOFM-based Image Vector Quantization, " Acta Electronica Sinica, Vol. 23, No. 4, pp. 24 − 29, April 1995.

[18] Changxin Fan (Guest Editor), Telecommunication Systems(美国期刊), Special Issue on Broadband ISDN, Vol. 4, No. 1, 2, Baltzer Science Publishers, July 1995.

[19] Changxin Fan: "Introduction: Rapid Development of B-ISDN, " Telecommunication Systems, Vol. 4, No. 1, 2, Baltzer Science Publishers, July, 1995, pp. 1 − 2.

[20] L. Gui and Fan C. : "Analysis of a priority cell discarding method for ATM networks, " Telecommunication Systems, Vol. 4, No. 1, 2, Baltzer Science Publishers, July, 1995, pp. 51 − 60.

[21] Fan Changxin: "Analysis of the PSTN Development in China, " Elektrotechnik und Informationstechnik (奥地利期刊), 112. Jahrgang, Heft 12, Springer-Verlag, Wien, Austria, pp. 661 − 663, 1995.

[22] Ma Hongfei, Fan Changxin: "An 8, 000 bit/s Speech Coder with Ternary

Vector Sum Excitation, " Journal of Xidian University, English Edition, Vol. 22, No. 5, pp. 138 - 142, DeC. 1995.

[23] Xue X. , Chen X. and Fan C. : "Rotated Barnes-wall Lattice Based Vector Quantizer and its Application in Image-sequence Coding", Journal of Electronics (China), Vol. 13, No. 1, Jan, 1996, pp. 40 - 47.

[24] Liu Ying , Zhang Guangshan, and Fan C. : "An Image Coding Scheme with Activity-based Macro Block Classification and Half-Pixel Precision Motion Estimation, " Proceedings ICCT '96, Beijing, China, May 5 - 7, Vol. 2, pp. 20. 02. 1 - 20. 02. 4.

[25] Xue Xiangyang, Fan C. : "A New Motion Compensation Algorithm in DCT Domain for H, 261 Video Encoder' Proc. TENCON'96, 27 - 29, Nov. 1996, Perth, Australia, pp. 867 - 869.

[26] Liu D, Jiang X. , Guo W. , and Fan C. : "A Suggestion of Estimating Electromagnetic Compatibility Performance of Equipments and Subsystems, " Chinese Journal of Radio Science, Special Issue on EMC. 1996, pp. 15 - 19.

[27] Bao Changchun, Dai Yisong, Fan Changxin: "A Real-time Implementation of 4. 2 kb/s CELP Speech Coding, " Vol. 14, No. 1, Journal of Electronics, Jan. 1997, pp. 52 - 58.

[28] Wang Dusheng, Zhang Jiankang, Fan Changxin: "A Single Processor Multi-rate Vocoder", Vol, 14, No, 1, Jounal of Electronics, Jan, 1997, pp. 59 - 62.

[29] Ma Hongfei, Fan Changxin, Song Guoxiang, "Wavelet transform coding of digital audio signals, " Vol. 24, Supp. Journal of Xidian University, December 1997, pp. 30 - 33.

[30] Wang Binqiang, Fan Changxin: "BCSM Switch for B-ISDN — A New High - Performance Switching Element, " Vol. 15, No. 2, Journal of Electronics (China), April 1998, pp. 138 - 143.

[31] Fan Changxin, Kuang Jingming: "Guest Editorial: Great Progress in Low Bitrate Coding, " Vol. 19, No. 5, Journal of China Institute of Communications, Special Issue on Source Coding, May 1998, p. 1.

[32] Bao Changchun, Fan Changxin: "A Review of Speech Coding, " Vol. 19,

No. 5, Journal of China Institute of Communications, Special Issue on Source Coding, May 1998, pp. 45 - 56.

[33] Bao Changchun, Fan Changxin: "A novel Low-bit-rate Speech Coding Based on Decomposition of the Pitch-cycle Waveform of the Linear Predictive Residual," Vol. 19, No. 5, Journal of China Institute of Communications, Special Issue on Source Coding, May 1998, pp. 39 - 44.

[34] Ma Hongfei, Fan Changxin, Song Guoxiang: "Algorithm of Adaptive Bit Allocation Wavelet Transform Audio Coding," Vol. 19, No. 5, Journal of China Institute of Communications, Special Issue on Source Coding, May 1998, pp. 80 - 83.

[35] Fan Changxin, Lu Zhaoyang: "Recent Progress in Image Coding," Vol. 19, No. 5, Journal of China Institute of Communications, Special Issue on Source Coding, May 1998, pp. 57 - 62.

[36] Fan Changxin, "A video Coding Scheme for ATM Networks," ProC. Future Telecommunications Forum'99, 7 - 8 Dec., Beijing, pp. 209 - 211.

[37] Lu Zhaoyang, Zhou Xingni, Gao Xiquan, Fan Changxin: "Multiresolution Delaunay Triangulation Model-based Image Representation Scheme", IEEE TENCON 2001, pp. 202 - 205.

[38] Chen HH, Fan CX, Lu WW, China's perspectives on 3G mobile communications and beyond: TD - SCDMA technology, IEEE Wireless Communications, 2002, 9(2), 48 - 59.

[39] Zhao Liqiang, Fan Changxin: "M-PCF: Modified IEEE 802, 11 PCF protocol implementating QoS", IEE Electronics Letters, 21st November, 2002 Vol. 38, No. 24, pp. 1611 - 1613.

[40] Zhao Liqiang, Fan Changxin: "Ad Hoc Wireless LAN", International Conference on Advanced Information Networking and Application, March 2003, Xi'an, China.

[41] ZhaoLiqiang, Fan Changxin: "Enhancement of QoS differentiation over IEEE 802, 11 WLAN," IEEE Communications Letters, 2004, Vol. 8, No. 8, pp. 494 - 496.

附录二 荣誉称号及获奖

荣誉称号和奖励

1985 年 9 月　西安电子科技大学授予"优秀教师"称号

1991 年 1 月　获国务院颁发的政府特殊津贴

1992 年 8 月　陕西省科学技术协会授予"陕西科技精英"称号

1999 年 1 月　陕西省学位委员会和陕西省教育委员会表彰为"优秀博士生指导教师"

1999 年 9 月　西安电子科技大学授予"教书育人先进个人"称号

学术团体

1991 年 2 月　　中国电子学会会士

1993 年 12 月　中国通信学会会士

1995 年 12 月　英国 IEE 会士（Fellow）

1996 年 1 月　　美国 IEEE 会士（Fellow）

2011 年 1 月　　美国 IEEE 终身会士（Life Fellow）

科研教学获奖

1983 年 4 月　《通信原理》获世界通信年中国委员会颁发的全国优秀通信科技

图书二等奖

1987 年 12 月　《通信原理》获电子工业部优秀教材特等奖

1988 年 1 月　《通信原理》获国家教委全国高等学校优秀教材奖

1990 年 4 月　《工程矩阵方法》获陕西省教委陕西高等学校优秀科研成果一
　　　　　　　等奖

1988 年 9 月　"非正弦正交函数的应用"获西安电子科技大学科技研究成果二
　　　　　　　等奖

1993 年 10 月　"新型高质量低速率语音编码基础研究"获陕西省教委科技进步
　　　　　　　二等奖

1989 年 3 月　"多地址自动话音报警器"获陕西省电子工业科技成果二等奖、
　　　　　　　机械电子工业部科技进步三等奖

1991 年 4 月　"低比特率数字电话机"获陕西省电子工业科技成果一等奖

1991 年 4 月　"DSB－1 型数字电话保密通信机"获陕西省电子工业科技成果一
　　　　　　　等奖

1993 年 4 月　"矢量量化技术在语音压缩编码中的应用"获陕西省电子工业科
　　　　　　　技成果二等奖

1993 年 12 月　"窄带用户式声码器、VAV2400 声码器"获电子工业部科技进步
　　　　　　　二等奖

1995 年 9 月　《数字专用集成电路设计》获西安电子科技大学优秀教材一等奖

1997 年 5 月　"图像编码技术研究"获陕西省教委科技进步一等奖

1997 年 4 月　"地空指挥引导码声器"获陕西省电子工业厅科技成果二等奖

1997 年 4 月　"4.8 kb/s 高效语音编码"获陕西省电子工业局科技成果一等奖

1997 年 12 月　"图像和视频压缩编码"获电子工业部科技进步三等奖

1998 年 3 月 "高效图像编码技术研究"获陕西省科技进步一等奖

2005 年 11 月 《通信原理(第五版)》获得 2005 年陕西普通高等学校优秀教材
一等奖

附录三 工作经历

工作单位的变迁

1952 年大学毕业后即在西安电子科技大学（及其前身）从事教学和科研工作，直至退休。学校名称的变迁如下：

1952 年 6 月 13 日	中国人民解放军通信工程学院筹备处成立
1952 年 11 月 15 日	中国人民解放军通信工程学院正式建成
1955 年 1 月 13 日	中国人民解放军军事通信工程学院
1955 年 8 月 3 日	中国人民解放军通信学院
1958 年 1 月	中国人民解放军通信兵学院
1960 年 1 月 1 日	中国人民解放军军事电信工程学院
1966 年 4 月 1 日	西北电讯工程学院
1988 年 1 月	西安电子科技大学

讲授过的主要课程

无线电收发信机、微波技术、无线电多路通信、通信原理、通信系统理论、统计通信理论、数字通信、随机过程与信号检测、复变函数、正交函数与正交变换、应用沃尔什函数分析、语音信号的数字处理、声成像技术

主持和参与的科研项目领域

1978 年前参加了 708 国家重点工程（全国军用半自动交换网）、1125 国家重点工程（全国防空预警网）、900 号机（潜艇通信用）、207 型对流层散射通信设备，以及全国大中城市银行结算网等的方案研讨和（或）审定工作。

1978 年后，主持和参与了非正弦正交函数及其在通信中的应用、语音信号处理、低速率语音编码、图像信号编码、声成像技术、指纹识别技术、数字专用

集成电路设计、矢量量化、电磁兼容，以及宽带数字微波综合业务节点站技术（国家自然科学基金重大项目）等领域的研发项目。

校内职务

1963 年 9 月—1979 年 5 月	通信教研室副主任
1979 年 6 月—1983 年 9 月	通信教研室主任
1979 年 6 月—1981 年 5 月	信息科学研究所副所长
1981 年 5 月—1989 年 8 月	信息工程系副主任
1989 年 10 月—1994 年 9 月	信息科学研究所所长
1993 年 3 月—2001 年 8 月	综合业务网理论及关键技术国家重点实验室第一届及第二届学术委员会主任
1980 年 9 月—1998 年 8 月	校学术委员会委员
1986 年 9 月—2001 年 8 月	校学位委员会委员

校外学术团体及部门兼职

1978 年 12 月　国家科委电子技术科学专业组学科组成员

1980 年 2 月—2007 年 4 月	中国通信学会（历届）理事
1980 年 8 月起	中国通信学会学术工作委员会（历届）委员，《通信学报》编委、《电信科学》编委等
1982 年 7 月—1999 年 9 月	高等学校无线电技术与信息系统教材编审委员会委员

1983年3月—1999年7月　　电子工业部电子工业科技成果评审组评审员

1985年1月起　　　　　　　中国国际文化交流中心陕西分会理事

1985年5月起　　　　　　　国家科委发明评选委员会特邀审查员

1988年8月起　　　　　　　中国电子学会第四届至第七届学术工作委员会
　　　　　　　　　　　　　委员

1996年10月—1999年7月 电子工业部小卫星专家组成员

1997年11月　　　　　　　陕西省通信学会副理事长

1999年6月　　　　　　　　IEEE Xi'an Subsection 创始人、首任主席

1999年　　　　　　　　　　Member, IEE International Membership Advisory Com-
　　　　　　　　　　　　　mittee

2000年1月　　　　　　　　信息产业部无线电频率规划专家咨询委员会委员

2001年　　　　　　　　　　Member, International Advisory Committee, IEEE TEN-
　　　　　　　　　　　　　CON,

2001 年 7 月	电子工业出版社"通信教材出版委员会"委员
2002 年	Member, International Program Committee, Wireless and Optical Communications (WOC 2002)
2002 年	Member, Technical Program Committee, IEEE International Symposium on Intelligent Signal Processing and Communication Systems, 2002

外校兼职教授

1986 年	郑州解放军信息工程学院兼职教授
1988 年	江汉石油学院兼职教授
1997 年	中国矿业大学兼职教授
1999 年	北京工业大学兼职教授
2004 年 4 月	浙江万里学院电子信息学院兼职教授

国外工作经历

1985 年 12 月—1986 年 9 月	美国加州大学圣巴巴拉分校(UCSB)访问学者
1986 年 9 月—1986 年 11 月	美国加州大学洛杉矶分校(UCLA)访问学者
1986 年 11 月—1987 年 4 月	美国 Keytech 公司客座研究员
1993 年 11 月—1994 年 2 月	美国科罗拉多大学(UCB)访问学者
1996 年 10 月—2002 年 9 月	英国萨瑞(Surrey)大学荣誉客座教授

国际(和地区)学术交流

1978 年 4 月	应美国 IEEE 邀请,作为中国电子学会首届访美代表团成员赴美国考察。
1980 年 10 月	作为 Panel Member,应邀出席 IEEE EMC International Symposium (Baltimore)
1983 年 5 月	出席 IEEE International Symposium on Multivalued Logic(日本京都)并发表论文
1984 年 10 月	出席 IEEE International Ultrasonics Symposium (Dallas) 并发表论文

1989 年 11 月	出席 IEEE GLOBECOM（Dallas）并发表论文
1990 年 4 月	出席 Latvian Signal Processing International Conference（Riga）并发表论文
1990 年 5 月	应邀访问白俄罗斯工程学院（明斯克）
1990 年 11 月	出席 IEEE International Symposium on Information Theory and Its Applications（Hawaii）并发表论文
1991 年 12 月	应邀访问日本静岗大学并作演讲
1991 年 12 月	应邀访问日本东京 JRC 公司，并作学术报告
1993 年 10 月	出席 IEEE TENCON（北京）并发表论文
1996 年 11 月	出席 IEEE TENCON（Perth）并发表论文
1997 年 3 月	出席 5th International Conference on Telecommunication Systems，Modeling and Analysis（Vanderbilt，Tennessee）并发表论文
1998 年 10 月	出席"两岸无线电通讯研讨会"（台湾，中坜）并发表论文
1998 年 10 月	应邀访问台湾中兴大学和东华大学并作学术报告
1998 年 11 月	应邀访问英国 Surrey 大学，参加科研合作和指导博士研究生
1998 年 12 月	应邀访问维也纳工程技术大学，并作学术报告
2001 年 4 月	出席 IEE International Membership Advisory Committee（伦敦）
2001 年 8 月	出席 IEEE TENCON 2001（新加坡），发表论文
2005 年	NASM'2005 国际会议名誉主席

附录四　年　　表

1931 年 9 月 12 日	出生于北京市
1936 年 9 月—1940 年 7 月	北京市大阮府胡同小学初小
1940 年 9 月—1942 年 7 月	北京市育英小学高小
1942 年 9 月—1948 年 7 月	北京市育英中学
1948 年 9 月—1952 年 7 月	北京大学工学院电机系(电讯组)
1952 年 9 月—1953 年 8 月	实习教师(辅导员)
1953 年 9 月—1963 年 1 月	助教
1963 年 2 月—1978 年 1 月	讲师
1978 年 1 月—1982 年 8 月	副教授
1982 年 8 月—	教授
1987 年 7 月—	国务院学位办批准为博士生导师
1999 年 11 月	退休

(2014 年 8 月 1 日初稿，时年八十有三。)

(2015 年 9 月　定稿)

参 考 文 献

［1］http://www. niubb. net/book/read/1/1094/178487. html

［2］陈坚. 夏衍传［M］. 杭州：浙江人民出版社，2005.

［3］http://history. sina. com. cn/bk/kzs/2013－12－23/173966156. shtml

［4］http://baike. sogou. com/v121912. htm? ch＝ch. bk. innerlink

［5］http://daily. cnnb. com. cn/nbwb/html/2010－02/28/content_169091. htm

［6］http://blog. sina. com. cn/s/blog_5ce4539a0100zmj9. html

［7］http://news. sina. com. cn/c/cul/2007－12－19/153414557893. shtml

［8］http://blog. sina. com. cn/s/blog_4f2cc73001000bzn. html

［9］http://www. douban. com/group/topic/2153873/

［10］http://www. etest8. com/sujiyuan/jieshao/43203. htm

［11］http://history. eastday. com/h/zjznh/u1a7876783_1. html

［12］http://blog. sina. com. cn/s/blog_4c670d3d0102e95z. html

［13］http://www. hangzhou. com. cn/20030101/ca297606. htm

［14］http://baike. baidu. com/view/81319. htm

［15］http://baike. baidu. com/view/205066. htm

跋

退休后，没了工作负担，我很快就适应了这种随心所欲、淡泊名利的生活。首先，我考虑的是颐养天年，就是以身体健康为重任，从饮食起居上注意保健，过起有如闲云野鹤般的生活，特别是有了宽容，没了嫉妒；有了安逸自在，没了雄心壮志；有了寄情山水，没了对工作重任的担心。

其次，为了活动身体和满足年轻时周游世界的梦想，我开始了到世界各地观光旅游的行程。我从上小学开始，就一直把心思放在考试和升学上。大学毕业后，又一心放在工作上。虽然在学校工作了一辈子，但是从来没有享受过放寒暑假的空闲生活，往往在寒暑假中反而更忙。现在终于等到了这个长久盼望时刻，到目前为止已经去过50多个国家，基本满足了这一奢望。

最后，就是利用空闲时间写一点儿往事回忆，留给下一代年轻的亲友，使他们多少增长一些关于我的家族和过往社会的历史知识；此外，我认为这样做还可以多动手脑，防止发生老年痴呆，真是一举两得。在我动笔书写初稿时，恰逢西安电子科技大学的领导希望学校的在世老人留下他们在西电的点滴经历，给西电的校史增砖添瓦，并答应由西电出版社支持给予出版。为此，在我的回忆录中关于西电的内容又增加了不少。在此要感谢西安电子科技大学和西电出版社给予的关心和支持，以及校办原主任聂梦琪对其印行的热心推动和支持。

此外，在此书写作过程中，我曾经把部分初稿送给一些亲朋好友看，征求他们的意见。我在美国的外甥女叶平、在台湾的外甥叶伯龙和徐明、在北京的外甥女何锦燕以及我在育英中学的同窗荣国浚等都提供了许多宝贵的修改补充意见。在此一并表示衷心的感谢。